教育同心牽：校長也上課五

United Links to Enlightenment:

Back to School V

目錄

前言

何志豪BBS, JP
同心教育基金會（香港）
主席
保良局己丑年主席

五，在中國文化來説是一個吉祥數字。公司、機構、組織，每當五周年、十周年、十五周年……五的倍數時多會隆重其事，紀念慶祝一番。「校長也上課」系列，首冊成於2015年，時光荏苒，幾年間《校長也上課5》也準備就緒，正式出版。在歷史長河，五年只是一個短時光；但香港學校日常教育工作異常繁忙，五年來，數十位校長、教育同工仍能筆耕不輟，把所思所感匯集成文，就不是一件簡單事情了。當中，體現了作者們對教育的熱誠，不捨不離；也展現了作者們的毅力，堅持不懈。

古者五午同義，交午，縱橫交錯也。細觀各位作者鴻文，歷時宏觀政策表述有之，共時微觀教學隨筆有之；橫向、縱向不同維度論述，百花齊放，各自各精彩，深深呈現了每位作者的志趣。本會有幸參與其事，實是難得 。

《校長也上課5》以「教育同心牽」為題，「同心相牽」與本會宗旨相應。同心教育基金會（香港）成立之初，旨在加強中港兩地教育交流，共同為青少年教育作出貢獻，期望培育出有所作為、積極進取的愛港愛國公民。惟青少年雖為服務對象，若缺少老師、校長們在價值、態度上的引領、成長途中的扶持，很大機會只會成為知識的奴隸，更甚者會淪為無根的浮萍。

「同心牽」的目的為何？英文書名說得好：United Links to Enlightenment。「你我同心、手手相牽」，惟這只是手段，目的是希望讀者能有Enlightenment，有所啟悟。啟悟的重點不在知識的攫取，而是心的體證，對教育有不一樣的感受，對教育的正面功能充滿信心、對教育的影響不抱懷疑。

教育是心的工夫，細水長流，持之以恒，總能有收穫。最後，再次感謝作者們長期為教育的付出，盼望另一個五年本會也能與各位同行。

序一

何漢權 MH
教育評議會主席
國史教育中心（香港）
校長

八十年代初，中國改革開放啟動中，香港學界不少老師都趁着國門趟開，舉步伸頭探看大地神州。筆者隨團參訪廣州市一所中學，門口大堂，燈火並不通明，卻清楚見牆壁上刻着：「捧着一顆心來，不帶半根草去」。這是陶行知先生的話，多年的教學歲月，這兩句話腦海迴旋，至今記憶猶新。篳路藍縷，國家改革開放超越40年，香港有位份。國民生活素質、國家綜合發展，都有飛躍進步。廣大的、無名的教育同工，年復一年，就是捧着那顆無私奉獻的心，默默付出，靜靜地為國家育才計劃，落地貢獻，培育各類人才。

獅子山下，維港兩岸，捧着一顆心來，教育評議會、灼見名家傳媒、同心教育基金（香港）相繼成立，彼此無私合作，努力為教育盡棉薄。歷史見證，《校長也上課》系列已經出書五冊，都是灼見名家提供文章發表平台，由教育評議會的校長及教師分文不取，輪流執筆，於灼見名家平台上發表「教評心事」，將之結集成書，再由商界有心人士組成的同心教育基金（香港）全資贊助出版，大家同一心願，期待社會各界，共同關注教育事業！

教學專業必有言教、身教及心教，心教最無法用科學評鑒，卻自然流露在言教與身教的舉手投足、授課、帶領活動以及言談之間，學生與家長心裏有數，《校長也上課》系列書籍出版，由第一冊的《教育心宴》到第五冊的《教育同心牽》，繪畫出教育有心人的合作見證！

人類的科研探測能力已是無遠弗屆，空間再無距離，登陸火星已是預計的平常事了，但在地球角落的「文明人」，彼此心靈的距離卻是離千萬丈，猜度非常。今天的美國日日鼓吹拒中、仇中，毫不猶豫掀起美中貿易戰、香港的顏色群聚不斷向兩邊傾斜，相互敵視難解，獅子山下，東江水不能暢流。際此時刻，《校長也上課》系列以心相牽，手相連作出誠摯的呼籲，教育必須要回歸常情常理，重返良善、和平、友愛、尊重的文明之地，再塑香港的未來。香港、國家、世界是生命共同體，無法切割、不能分離，誠心祝願，這是必須實現的教育願景！

序二

文灼非
灼見名家傳媒社長及
行政總裁

與教育評議會及同心教育基金會合作出版的《校長也上課》系列至今已到了第五冊，成果得來不易，令人欣慰。今年因為新冠疫情的影響，出版的日期稍為推遲了，但無損內容的質量，我覺得這一冊的水準更上一層樓，都歸功於所有作者的認真付出。

這一年來，教育界可謂經歷了翻天覆地的變化！去年新學年開始，社會運動愈演愈烈，政治紛爭令校園難以安寧，教育工作者面對史無前例的挑戰。誰會想到，更大的挑戰是今年初爆發的世紀疫情，徹底打亂了教學的節奏。由於這個病毒傳染度高，有一段很長時間學生都乖乖留在家中避疫，學習透過視像方式上課。線上學習在外國已經流行了一段日子，多個學習平台提供琳瑯滿目的課程，包括一流大學的專家課程，隨時都可以上課，豐儉由人。

香港的教學模式一向比較傳統，經過這次衝擊，老師都紛紛學習網上授課新技術，掌握新科技，全校總動員，大都順利轉型升級，是教師團隊上下一心的成果，值得教育界自豪。另一方面，科技進步帶來方便的學習及會議平台，各行各業幾乎都以zoom代替面對面的溝通，不少公司更省卻大筆差旅開支，老闆安坐家中隨時可以發施號令，企業的效率不見得受到影響，反而減少了交通往還時間，home office 已經變成一種新常態。

作為傳媒又如何度過難關呢？疫情令很多採訪活動都取消了，灼見名家今年有機會作出突破，把過去幾年沒有好好經營的YouTube頻道重新啟動。由於大家都對這個席捲全球的疫情所知有限，我們便積極物色專家學者深入剖析，其實也是製作科普教育節目，反應十分理想，惠及全球華人。這一年來市民的政治熱忱空前高漲，冒起了大批靠評論政治的所謂意見領袖，往往立場先行，良莠不齊。我喜歡集思廣益，不同立場的有識之士可以暢所欲言，免於恐懼，這是民主社會應有的自由空間。

今年最熱門的其中一個教育議題，是DSE世界歷史科一條關於中日關係的試題是否合適，我們邀請了幾位歷史及試題專家深入分析，提供專業視角，甚具啟發性。近月由教育評議會主席何漢權校長牽頭，在灼見名家頻道開了一個「教育心線牽」節目，第一批邀請了五位本書的作者擔任講者，包括何漢權、曹啓樂、蔡國光、鄒秉恩及朱啟榮幾位前任及現任校長，分享他們對當前香港熱門教育問題的獨到觀點，可以說是「教評心事」的影視版，與網站文章相輔相成，發揮更大影響力。本書的其他作者也有機會陸續加入，成為新一批意見領袖。

今年對灼見名家來說是一個飛躍年，網站新作者、新專欄不斷增加，而YouTube頻道由年初不到1800個的訂閱人數，8個月內增長至150000，總收視率突破1000萬，在逆境危中有機，絕處逢生，往往繫於一念。感謝每一位為灼見名家作出貢獻的知音。

編者的話

黃冬柏
新會商會中學校長

轉眼間「教評心事」專欄營運已過了五周年，踏入第六個年頭就起動出版結集；預期文集面世時會配合到教育評議會25周年研討會。這個安排反映了教育不可以落單，必須同心合作手牽手地，才可以邁步向前。

究竟教育是甚麼？不同學派、不同專家都會有各自詮釋，對一眾作者而言，教育是我們的生活。不論身處甚麼崗位，領導、前線、支援，甚至已下崗的，我們的文字所流露出來的都是生活上所見所聞、心神的所思所想；所關注的是香港教育，包括制度、環境、教與學和教育的對象——莘莘學子以及相關的持份者。結集的文章或算不上是驚天地泣鬼神的巨著，但肯定是言之有物的小品。

教育工作可用「教」、「學」兩個字概括起來，但最重心的是育人；人處身的空間是社會，育人要顧及時間度向，這就要靠文化承傳；在現代教育制度下，校園是師生匯聚的平台。而結集文章可大致歸類為教育、學習、社會、文化和校園等幾個範疇。

粗略點算一下，幾個範疇所佔的篇章數量，巧合地大致相若；無意間也展示出教育工作在各範疇所花的心力的分布比例。教、學、校三個方面的文章反映了作者實戰工作的經驗和理念，尤其在學校領導方面的分享更覺精彩。學校本身存在於社會大環境中，過去一年有不少時間，本地社會活動曾經異常激烈，又碰上飽受疫情煎熬的日子，作者們不吝分享他們的感受和看法。因有多位作者在文化、生命教育等方面有獨到見解，文章有很高的可讀性。

除了教育評議會作者團隊長時間的文字耕耘外，特別感謝兩個合作夥伴：同心教育基金會及灼見名家傳媒。同心教育基金會多年來關注本港教育，更慷慨贊助讓結集得以出版；基金的贊助就像土壤和灌溉，不然我們文章的花朵難以綻放。灼見名家傳媒則提供園地讓作者們筆耕不懈，編輯們更日以繼夜地為每篇文章清除沙石，實在功不可沒。最後當然要多謝每位讀者，歡迎傳來讀後回饋。

文章選自橫跨16個月、上載在專欄內的文章。這段時間本港遇上近年少有的動蕩不安，日後回望時未知有何感想，但我們的部分思考已寫在字裏行間。這時期累積文章幾近300篇，除結集內的50多篇外，其他未入選的文章仍然刊登在灼見名家網頁上；各位看官讀過文集後如覺意猶未盡，不妨登入灼見名家傳媒網站內的「教評心事」網頁再加發掘！

出版結集體現了三個團體：教評、同心、灼見的合作無間；教育不能落單，團結社會上所有力氣，造福下一代。期望我們的文章可以引起共鳴，為業界內的交流和溝通提供營養；祝願作者們繼續努力，用文字來滋潤這片園地。

作者簡介

何漢權，教育評議會主席，國史教育中心（香港）校長，風采中學校董，香港大學中史碩士同學會會長。長期關注學生成長、家庭教育、教育政策、教學專業及國史等課題，獲大專院校及中小學邀請擔任講者。現為《信報》及《星島日報》教育專欄作者。香港電台節目顧問、全國港澳研究會理事、海華基金師鐸獎評審委員、第一屆至第四屆選舉委員會委員（教育界）等。近著有《有教無懼》、《驕陽引路》、《是一場春風化雨》及《教育茶餐廳》等書。

這學年，香港學生學到些什麼？

武漢疫情在香港仍處於膠着，各方仍在努力搏鬥，凡珍惜生命的、有社會責任感的、具香港情懷、國家觀念的，在搏鬥中總懷着強烈的期望，那就是瘟疫消逝，大地生機再現。這邊廂，特區政府出盡氣力，透過內地各部門的積極配合、以包機的方法，將滯留湖北的港人接載返港，再轉介隔離中心，作進一步的觀察。平情而論，特區政府是次跨部門的積極落地行動，並不容易，亦值得讚賞；公道點，這個讚賞亦應給予內地有關的各部門，特別是在武漢疫情依然嚴峻，每天疫亡疫傷的消息仍時有公布，在醫療及各後勤支援人手，仍是十分緊張的當下，還是抽撥人手配合香港特區政府的港人撤離的行動，殊不容易！

在香港特區政府撤離湖北的港人行動中，教育局公開宣布，會讓參與應屆的中學文憑試（下稱DSE）優先返港，從教育現場看，教局此一公布，是落地的、及時的，因為全港的DSE第一科視藝科的考試將於3月27日進行。上星期，一位在深圳家長致電向筆者傾訴，其中有這樣的一段話：「按我女兒的各科實力，考上香港的三大應無問題，希望不要因為兩地疫情政策而有阻礙，無法到香港應考！雖然香港今天有點亂，我仍然相信香港的大學教育，正如我六年前規劃女兒，由深圳到香港唸書，就因為那時候，我相信香港的中學教育……」

深圳家長：「相信香港教育」

聽到「相信香港教育」的一句話，作為長期在香港從事教育工作的，筆者是百感交集。家長愈大的信任，學校方面就得承擔更大的責任，驀地想起錢穆先生的新亞學規的一句話，「求學的目的在做人」，做人當是求善、求真、求美。這些年，香港的學校教育能給學生究有多少？到如今，確實仍有如住在深圳的家長，仍然相信香港教育，放心將子女的教育託付香港，這裏的教育可將香港、國家及世界的視野聚焦，有機結合，香港地運獨厚，本是中華大地，教育首善之區，事實上，過去一段長時期，內地尖子選港大、中大、科大而棄北大、清華的例子不在少數。但與此同時，特別因着本學年（2019-2020）連續八個月不停的社會動亂，由此而暴烈地引發的燒、堵、砸及眾多的血淋淋「私了」真實影像的呈現，使得不少欣賞香港自由而安全學風的境外家長、學生乃至學者，對香港學校教育，由大學至幼稚園都表達出「耍手擰頭」的身體語言，再用雙腳投下對香港教育不信任的一票。

學校教育是要跟着社會大潮走，抑或學校仍可擁有獨立、清淨的學習園地？事實擺在眼前，近八個多月的社會事件，各路人馬，政治狂飆，容不下學生有良善、和平、友愛的學習之所！幾乎每間大學都受到嚴重的破壞。去年6月以來，按警方公布，參與違法被捕的7000多人裏，學生人數佔四成有多。執筆之際，新聞報道指出：「一名15歲少年，他涉嫌於3月1日晚，在其牛頭角上邨住所，從高處掉下有腐蝕性液體的容器，濺到一名軍裝警員，導致其面、頭及手部灼傷」，冰山一角，這學年，停課頻頻，但學生仇警、要置警察於死地之風卻不停在吹！這種令人傷感憂心的現象，世界獨有！曾幾何時，還是好端端的香港，已有要選票

中學文憑試在疫情下舉行，全賴各方努力，殊不容易。（亞新社）

的、具法律深厚背景的政黨政客，拉高嗓子，提出「生於亂世，有一種責任」，大力挑撥一國兩制的內在矛盾，煽情有力。

香港不是一天建成的

歷史發展，2014年79天的非法佔中，「違法達義」大有市場；2016年旺角火燒暴力事件出現，「勇武同行」開始上陣；2019年6月中，以年輕人及學生為前線的社會動亂，愈演愈烈；11月區議會選舉，又得到大量選民自由意志的「正義」蓋印。更甚的是，本是潤物細無聲的教師公開表達「黑警要死全家」，另有教師轉載「一個都不能少」，如此散播仇恨，除教師席位依然可保之外，更得到全港最大的教師工會力挺開脱，如此這般，熱情激情的學生集體情緒能不受牽動？學生滿腦子的仇恨、憤懣就繼續被釋放出來，如此的教育「成果」，誰之過？筆者認為三部曲所致：一是自掛被壓迫標記的政客，巧言可令色，部分媒體樂於因勢利導；二是找尋任何可用機會，用各種途徑及方法攬緊學生；三是適當時間先躲在暗角，再推動學生走在前線硬衝，不怕犧牲，排除萬難要爭取勝利！最後是創造「勇武同行」的香港政治新詞彙，下回選舉翻版循環再造！

疫情傳播還在前頭，關繫生死，各地都在埋首苦撐力抗病毒，但在香港卻仍有不斷的打、砸、堵、燒等亂法違紀的行為出現，究竟這是香港之光或是香港之恥？教育局公佈，全港學校將不早於4月20日復課，果如是，復課日距離本學年結束只剩下兩個多月，關心學生心身健康發展的學界各持份者，必須要問一句：「這學年，香港學生學到些什麼呢？」大家的責任又在哪裏？香港不是一天建成的。

原刊於《信報》

2020年3月7日

「根」的教育，源頭在哪裏？

中國歷史「五四運動」一百年後的2019年，對所有關心與愛護香港的各界人士來説，腦海會浮現不安與不快，再定格成一頁痛苦的歷史！對參與違法與暴力而被捕，被控告的，特別是眾多年輕人來説，是讓人難過的，而「清醒」煽動點火的，又口甜舌滑的政客竟説，被補被判入牢，將令人生更精彩！果然，2020年元旦，亂事依舊，違法達義的眾人事，又遍地開花，先是「和平」遊行示威，隨即對準目標打砸縱火，又一大批青少年因違法被逮捕，擇日會被檢控，稚臉青少年，學歷、閱歷、經歷都淺，為何如此仇中反共，要用坐牢、捨命相搏？

悲歡離合，總有因由。2003年，香港特區政府要進行23條的國家安全立法，引發首度七一大遊行反對立法，響起對一國質疑的第一炮。隨後，中港關係開始

對關心與愛護香港的各界人士來説，眼看眾多年輕人因參與違法與暴力而被捕，讓人感到難過。（亞新社）

緊張，香港亂象日益嚴峻，原因是千條萬條，但毋庸諱言，學校全線教育，連大、中、小以至幼稚園的教育確實出現問題。問題的焦點，是在課程上，師資培訓上，乃至學校的管理階層上，都未有認真地、全面地認識「根」的教育的重要。「根」者，國史、國學、國情三合一的教育之謂，「三國」的教育也可籠統稱做國民教育，這是錢穆先生所説的，凡一國之民，當對一國之歷史要有初步的認識和了解；一國之民，對本國的歷史當有溫情敬意，同情與諒解。筆者執信，在香港推動國民教育之根本，實源於國史教育（香港向稱中國歷史），惟有從國史的演變，於川流不息的長河裏，方有國學（中華文化）可述，九流十家、精彩萬分，正如唐君毅先生在《與青年談中國文化》結論所言：「中國文化之精神表現，於倫理道德文學藝術宗教學者，都原有極可貴之處，而且這些精神擴而充之，可作為人類和平，世界新文化之創造基礎」。也惟有從國史演變中，方有國情可知，10年文革錯事讓人扼腕，但40年改革開放是大好事，國力全面提升，更重要的是，全民小康有望，使人振奮。

對國史、國學、國情一知半解

改革開放第二個40年在開展中，內地是蓬勃興旺，但一國兩制下的香港，發展情況卻讓人惆悵失望。2019年的政治狂飆，暴力横生，大學生、中學生乃至小學生「自然」介入，外圍情勢複雜，但對部分熱情激情的眾多「無私」學生而言，認識國史與世情卻愈趨簡單，只要引吭反中反共，多喊幾聲「支那」，多舉幾次「港獨」旗旌，舉頭三尺就是一片藍天，香港就有很好的未來。複雜事情簡單化，順藤摸瓜，主線就是，大部分學生對國史、國學、國情一知半解，再被網媒、紙媒、社交平台片面的，甚或虛擬製作的資訊強力扭曲引導，中國大、中國惡的嚇人訊息不斷加持，反中與反共的價值連成，於是，反「警暴」、「特區政府」以及反「中國政府」就手就口地湊合在一起，高唱「革命」之歌，感覺十分美好!

一國兩制之香港，一國就是中華人民共和國，簡稱中國。中國人之於中國史，正如美國人之學習美國史一樣，主體不可取代！歷史記憶和歷史體驗是樹立國家觀念和民族意識的主要途徑。祖國的認知與愛國的情感，都只能產生於歷史的過程之中，並由此萌生的愛慕之情。另一逆向，就是民族的衰敗，國家的淪亡，往往由於國族歷史教育的模糊，導致民族凝聚力和民族精神的喪失。此乃龔自珍先生在《古史鈎沉論》的吶喊：「預知大道，必先為史，滅人之國，必先去其史，隳人之枋，敗人之綱紀，必先去其史」！早在英殖年代的1904年，時為香港皇仁書院（前身為香港中央書院）的George Bateson Wright博士，已在工作報告毫不含糊指出：「基於政治考慮，我強烈反對教授中國歷史，因這樣，會把香港變為大陸革命分子的溫床。」時間飛逝，九七回歸，一國兩制的香港，焦點在兩制，完全未有正視認識國家的重要陣地，必須在中國歷史教育裏啟航，要知、情、意、行，一步一腳印起動「根」的教育，藉此加強國民身份與價值認同，但其時的課程發展處，倒是將通識教育科高高舉起，國史教育低低放下，連初中階段的中史獨立成科都可打散、切割、合併於其他的學習領域裏去！香港學生的國民「身份」漸漸被剝奪而不自知。

中國歷史科不可取代

既往不究，來者可追，國民教育就是國族身份與價值認同的教育，毫無疑問，種籽是要往國史教育裏栽種，不張狂、不走捷徑！的確，各學科自有其教學內容，亦會培育批判能力（critical thinking），但作為國人學習的國史科，不管左批右判到怎樣無邊無際的境界，唐君毅先生所言的花果飄零，最後必會回到落葉歸根處，這是中國歷史科的獨特可貴且不可取代之處。

2020年又被時代推動，如何演繹歷史？總要不忘當年今日。要呈獻的，究竟是時代精神，抑或要指出時代的局限。香港，確實早已回歸中國，但英殖年代崇拜西方文化與價值依然濃重深厚，從國史、國學以及國情的教育角度看，也就援引著名英國歷史學家湯因比早於半世紀前的預言：「以中華文化為主的東方文化和西方文化的相互結合，將是人類最美好和永恆的文化。人類要想解決21世紀的問題，必須到中國的孔子思想和大乘佛法中汲取智慧。19世紀是英國人的世紀，20世紀是美國人的世紀，而21世紀是中國人的世紀」這番「過時」的話，對香港各界乃至學校部分師生而言，是不知不信？不瞅不睬？甚至認為不值一哂！但對當今仍然是最強的美國人來説，卻是相信湯因比預言的，否則，美國不會如此全方位的、呼朋引輩的打壓中國，但歷史的順流發展，很多時候都不以任何強橫的意志而轉航，最後以「根」的教育在哪裏？既提問亦作結。

原刊於《信報》

2020年1月4日

山川異域，風月同天——抗疫

政治狂飆，勢頭不止。汽車風馳電掣式狂飆，年少氣盛，膽正命平，人車合一的感覺，外人當無法享受體會。但人算不如天算，飆車一族，當然亦會車毀人亡，害人害己，從量化數學看，傷亡人數仍可以在預計以內。但狂飆在政治鬥爭裏發生，勝者要乘勝追擊，挾替天行道之名，邪惡必要加於敵人身上，甚至可將人物化，無生命氣息與價值存在，個人私了、集體私了也無妨，最終勝者為王，和勇同行，有群眾擁戴就可以。感性喜惡不斷升溫，理性判斷必須要退卻的政治狂飆結果，最終是多方同受重大打擊，是多輸的爛局出現，是一個群體、一個社會、一個國家，乃至一個時代，並將支撐整個群體、社會、國家與時代的善良、和平、關愛、責任的核心價值，完全摧毀，淪落到萬劫不復的境地，如此歷史的驗證多得很！

瘟疫，歷世歷代都有，早已是天涯若比鄰，病菌無眼、無情，也無國界，不幸地偏偏被選中的，應對最好的方法，就是團結可團結的抗疫力量，積極面對！科學醫學日益發達，人命日益矜貴，每次瘟疫病毒盤旋上空，死神就看人類如何遇疫面對，站在第一線防衛力抗的，當是「見慣死生」卻重視每一個體生命挽救的醫護人員，歷史上一次又一次的瘟疫侵襲，見證着一個又一個感人的無私大愛、真實的、動人的故事。歷史上，獅子山下，幾度瘟疫，19世紀末的鼠疫侵襲，先在雲南肆虐，輾轉亦傳入香港，最少造成2500人死亡。現今不少港人經歷的，有20世紀六、七十年代的霍亂、肺癆、天花等病毒的死纏難擾，傷亡人數難以計算。而2003年的「沙士」來襲，死亡近300，醫生謝婉雯遺愛在人間，醫院現場上，與謝醫生同樣默默耕耘、守着香港市民的醫護為數不少！相較當時同樣遭受沙士病劫的台灣，有醫護的集體逃亡，香港醫護人員用醫德寫下寶貴的一頁，更用事實説明香港醫護專業甚高的水平，抗疫成功，港人乃至全國人民都引以為傲！早前的禽流感疫症，也有不少病人犧牲在病毒裏，瘟疫傷亡，年代不同，傷

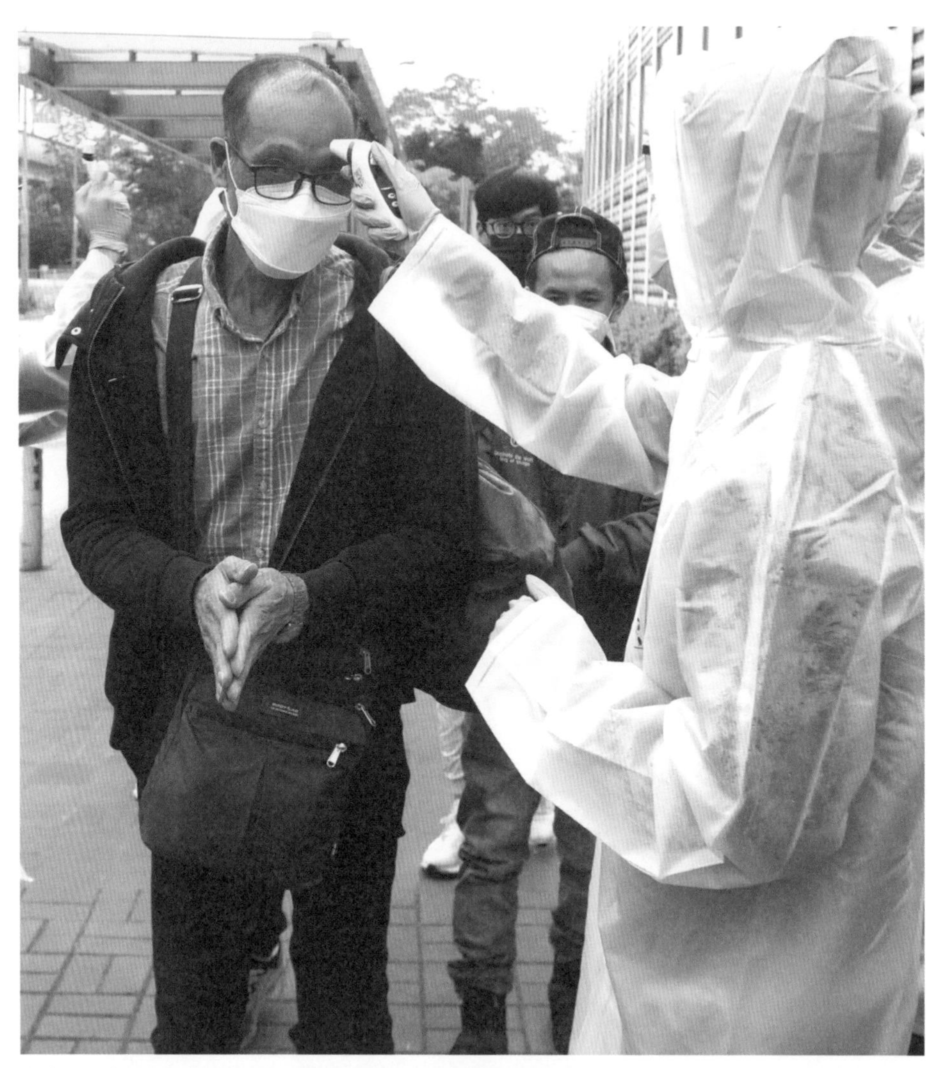

瘟疫，歷世歷代都有，早已是天涯若比鄰，病菌無眼、無情，也無國界，不幸地偏偏被選中的，應對最好的方法，就是團結可團結的抗疫力量，積極面對！（亞新社）

亡人數也不一樣，但可肯定的，患難見醫護真情，香港的醫護界是配稱白衣大愛使者之譽，是久經考驗的！

「壞的是病毒，而絕非是人」

但後現代社會「無限自我」的價值思潮，顛覆無遠弗屆，這回「武炎」來襲，竟有小部分醫護提出罷工救港，政治主張先行，彷彿政治能醫治百病，而實實在在醫護救人的訴求，就要押後再押後，政治有能量，「粉絲」是如影隨行，幾天的硬罷工，就有幾千的同行者，罔顧今天的疫情嚴峻，離開崗位捨棄病人而去！設在美國的討論時事的網台節目裏，主持人問評論嘉賓對此事有何評論，「不值得一談」，資深的評論員如此回應，當中是對醫護罷工表達無奈，也無語問香港！無情何以生斯世！

日本軍國主義犯下侵華害港的罪行，歷史必須記錄，主要目的並非散播仇恨，而是提醒大和民族政治狂飆不能重蹈覆轍。事實上，經歷慘痛教訓，日本民間的和平大愛力量亦已深深播種，「武炎」疫症一發生，日本政府與民間在不同的管道清楚表達，將全力協助中國抗擊疫情。日本政府和日本許多地方、企業都用實質的行動，主動向中國捐贈口罩、護目鏡、防護服等防疫物資。在捐贈給武漢的物資包裝箱上寫着「山川異域，風月同天」，「豈曰無衣，與子同裳」；而東京晴空塔專門點亮了紅色和藍色，藉此為中國武漢抗擊疫情祈願和加油。日本厚生勞動省官員在記者會上表示，「壞的是病毒，而絕非是人」。確實，是回受害最深的，當是武漢人以及港澳在內的中國人。

擱筆之際，剛收到在新加坡的友人傳來，由新加坡國立大學陳永財校長發出的公開信，主題內容是向新加坡大學的所有在校師生、員工及校友，呼籲設立湖北基金，幫助湖北度過新型肺炎病毒侵襲的難關，「中華民族歷來都不缺優秀的兒女，在同胞遭受不幸的時候，他們都盡心盡力，我覺得在此當頭，特別是那些具有號召力的中華兒女，能夠盡起表率作用，如此就可以給予實質性的幫助」，一位新加坡大學的學者回應陳永財校長呼籲，捐了1000元新加坡幣予湖北基金的留言。

回到香港，「武炎」疫情依然嚴峻，武漢當地更是艱難，死亡人數仍有上升勢頭，但願瘟疫早去，各地感染者健康再來，最後以「山川異域，風月同天」起題並作結。

原刊於《信報》
2020年2月12日

作者簡介

鄒秉恩，現任和富慈善基金李宗德小學校長。中國教育學會會員、教育人員專業操守議會成員、香港教育行政學會院士、教育評議會教育基金有限公司主席、2010第8屆香港海華師鐸獎及2016香港特別行政區頒授行政長官社區服務獎狀得獎者；曾任教育評議會主席、第十一屆教育人員專業操守議會主席、聖公會中央教育委員會委員、香港學界體育議會董事局總司庫、香港學界體育議會財務委員會主席、九龍城區校長聯絡委員會主席、九龍城區公益少年團執行委員會主席等；也曾於香港中文大學、香港大學及英國諾定咸大學進修，主修學校改革及教師領導。曾任聖公會聖米迦勒小學、聖公會基心小學、聖匠中學、公理高中書院校長及香港教育學院講師兼高級課程發展主任。

避危於無形和遠見於未萌——德育於動亂時勢的角色

筆者在以前辦公室的當眼位置張貼了司馬相如的《諫獵書》作為學校管理的自我鼓勵和鞭策的説話，內容如下：

「明者遠見於未萌，而智者避危於無形，禍固多藏於隱微，而發於人之所忽者也。」

其大意是：「聰明的人在事端尚未萌生時就能預見到，智慧的人在危險還未露頭時就能避開它，災禍本來多藏在隱蔽細微之處，而當人忽視它的時候，災禍卻會發生。」所以筆者習慣與同事一早為學校訂定好學校的長、中、短期的學校發展計劃，而在操作的過程中提高警覺，一方面可配合當前和當刻的需要，而去調適有關計劃，另一方面亦可避免因掛一漏萬而為學校帶來不必要的衝擊或創傷，好實踐「遠見於未萌」和「避危於無形」的原則。

鬥爭轉移到學校戰場

看見近幾個月的社會抗爭運動變化，年輕人由之前的「和理非」方式示威，演變成近兩個月的「勇武」抗爭，當中更有多人因違法而被捕（截至11月4日的警方公布數字，由2019年6月9日至10月31日，因示威被捕人數已達3007人）（註1）。有個別激進者，甚至將仇恨帶到與他們政見不同的人士，隨時用「私了」去解決問題，許多人更因此而受傷或被拘留。很痛心！不過，到目前為止，有關運動似乎還沒有終止跡象，而且勇武參加者更有年輕化的趨勢。

今天，部分鬥爭更轉移到學校戰場，有人破壞學校公物、藐視學校紀律、挑戰校長與老師權威、恐嚇及逼脅其他異見同學等，情況使人憂慮！許多中學由2019年9月開學

許多中學由2019年9月開學至今，有人在校內集結、罷課、舉辦人鏈活動、呼叫口號、唱革命歌曲等。（亞新社）

至今，有人在校內集結、罷課、舉辦人鏈活動、呼叫口號、唱革命歌曲、張貼標語、到處塗鴉；更有個別學校邀請校外人士和校友到校分享運動訊息，嚴重影響學校正常運作。學校老師大多不願或不敢公然和學生正面衝突，盡量展示關愛、包容，務求希望社會盡快平息事件，回復正常面貌。今天學校管理所遇到的張力和壓力之大，前所未見！

有時我們會對一些已習以為常的東西看成平常不過，對任何新鮮事物或不大了解的東西卻提不起興趣去認識，對創新東西又不想學習；久而久之便會變得落後、因循和守舊，愈來愈與時代脱節，沒有時代觸覺！對周邊事情置若罔聞、無動於衷！所以當危機出現，不知所措！

一般沒有應對危機處理經驗和已設立一套特定整全應變計劃去處理突發事件的學校，或師生關係比較疏離和缺乏互信的學校，有關校長和教師便會容易變得投鼠忌器。看見社會運動由和平示威變成勇武抗爭，學校都不敢就事件表態，以免觸動學生的情緒。因此什麼也不做，也不敢禁止或阻止學生出外參加示威行動，唯有不斷讓步，甚至對某些學生激進行為更是置若罔聞。最近一項有關學校在國慶活動及國情教育的調查更顯示（註2），受近期社會氣氛影響，今年普遍學校慶祝國慶活動明顯減少。當中有約一成半學校未有舉辦慶祝國慶活動，有約五分之一學校計劃減少內地交流考察團……問題如何解決？有什麼出路？

預早在學生成長時期，多播放正向教育的種子

有人會問，為什麼現在大部分香港的學校都被社會運動所攻陷？是因為學校未有做好公民與品德教育？學校沒有和學生們建立一個良好互信及尊重包容的師生關係？還是因為學校未有重視國情教育，不認識中國歷史文化與國家的最新發展？又或是因為大部分學生欠缺國民身份認同而藉有關「反修例運動」去宣洩長期對香港特區以至中央

政府表示不滿？似乎今天的學生們好像已操控了學校的節奏一樣，他們喜歡做什麼便做什麼，罔顧校規與學校正常秩序。

歸根究柢，在動盪的社會氣氛下去進行正規的學校教育是有難度的。因為許多學者（例如Asmal, 2001; Klerk & Rens, 2003；Smith & Montgomery, 1997）都相信，預早在學生成長時期，多播放正向教育的種子，或進行有計劃的品德教育去塑造學生的品格，會有助有關國家或地區政府去管治，同時也可減少國家或地方青少年犯罪率和社會動亂的發生。英國因連串恐襲、汽車炸彈等事件後，重新提出要重視品格教育（Character Education）；美國在多次校園暴力及社會槍擊事件後，也把品格教育放在教育改革的重要議題上。北愛、南非亦因社會動盪和校園欺凌事件經常發生，亦在21世紀初時，大力推動價值及品德教育（Value and Moral Education）（Klerk & Rens, 2003）。

Klerk & Rens（2003；368-369）在其論文中指出南非教育失效的歸因，他們認為：

"The absence of discipline in schools, self-discipline among learners and educators, as well as the over emphasis of individual rights, are causing negativity in schools because good quality education cannot take place ... The absence of internalised values based on a specific life-view perspective (for example, one based on Biblical principles) can be seen as one of the root causes of discipline problems in South African schools. Any attempt, therefore, to address discipline problems will have to start with the instilling of values based on specific life-view perspectives in schools."

剛過去的一個星期，香港教育局楊潤雄局長在回應傳媒查詢港專學生破壞校園事時，也認為推行品德教育是停止校園暴力和回復學校秩序的最佳方法。不過，翻查2000年教改的文獻中，要在學校推行德育或價值教育，不是已說了多年嗎？根據鍾明倫等（2018）於《香港教師中心學報》的文章（註3），他們綜合不同文件所示，「價值教育」的概念首次出現於 2000 年的諮詢文件（課程發展議會，2000，頁 29-30），文件建議教師透過「生活事件設計價值教育課程」（參閱諮詢報告書附錄七，頁93-97）教育學生。2002 年的《基礎教育課程指引》，也提出香港需要培養學生建立積極的人生態度和正面的價值觀（香港課程發展議會，2002，頁1），也具體指出學校教育應培育五項價值觀，包括：「國民身份認同」、「責任感」、「尊重他人」、「堅毅」和「承擔精神」（課程發展議會，2002，頁 2-3）。

為什麼今天學校的價值教育推行，竟在一個社會運動的衝擊下便潰不成軍？既然學校已為學生早早播種了品德教育或價值教育的種子，但為什麼，香港社會的街頭示威演變成暴力抗爭、破壞行為，仍然可以如此容易便走進校園，而且愈演愈烈、愈趨年輕化？甚至並無遏止趨勢？

為塑造學生健全良好品格而一起努力

筆者沒有一個既定的標準答案去說怎樣做才能糾正這個社會亂象，但如何令校園變成一個學生樂學、互相尊重、包容和充滿感恩的地方，建立一個永續的、融洽有序的關愛校園，起步點仍然是一個，那就是要用愛心去經營和帶動品格塑造的歷程，終極目標是為學生提供充裕的空間，逐步推動學生的價值建構由認知到感知，轉化至以行動實踐正確的品德行為，協助他們建立個人的抱負，利他利己的美好人生。

再說，Jim Collins（2009）認為，今天的社會現象和組織失效有關，而其錯敗原因在於焦點判斷錯誤，忽略了最核心的工作。在教育現場來說，學校教育的核心工作自然就是學生的品德成長、正確的價值觀建立，德與才皆需兼備；而導引學生取得有關學習成果的當然是專業教師的因素了，當中包括教師的身教言教、教學素質、教師領導效能、師生關係、教學期望和整體教學專業社群的道德修養水平等，我們做得到嗎？在過去教改課改推動價值教育後，我們能不能成為我們成長中的孩子的良師典範呢？以下引用一位研究者Jane Mathukhwane Serakwane（註4）在她學術論文的總結作為筆者對教育工作者的呼籲和期盼，去重申教育工作者在推行品德教育的角色和一些重要推行原則：

"Empowering learners to make intelligent decisions, to accept consequences for their decisions and be equipped to make better decisions in the future. This can be achieved by providing learners an opportunity to think, act and take responsibility. Educators need to understand that choice empowers. Educators should empower

年輕人由之前的「和理非」方式示威，演變成「勇武」抗爭，當中更有多人因違法而被捕。（亞新社）

learners to be in charge of their own behavior and learning and to feel confident that their needs are met. In this way they will be fostering self-discipline...... Inculcation of values and thus developing the learner's character. Discipline is not possible without the inculcation of values. Inculcation of values develops character and enables learners to be able to distinguish between right and wrong. It is thus the role of the educator to inculcate values and to be a good role-model for learners."

要為學生建立正確的價值觀，懂得分辨是非對錯，勇於承擔責任，敢於為犯錯行為負責，真的是很艱難嗎？各位教育界朋友，我們可否攜手重建校園，為塑造學生健全良好品格而一起努力、共勉？

註1：另11月1日至3日的拘捕行動中，再有325人被捕，年齡由14至59歲不等，見2019年11月4日《明報》A4版記載。

註2：教聯會10月向全港學校發問卷，2周內收204個回覆，中學教師佔66個，小學教師有78個，幼稚園有60個。調查問及學校近期的國情教育活動有否減少，20%受訪學校指減少國情教育的相關活動，其中有43%減少升旗禮，近30%學校減少締結姊妹學校，21%表示減少唱國歌。

註3：鍾明倫、李子建、秦偉燊、江浩民（2018），〈香港課程改革下的價值教育：回顧與前瞻〉，《香港教師中心學報》，第17卷，頁19-33。

註4：論文為："Establishing Discipline in the Contemporary Classroom"，參考自https://repository.up.ac.za/bitstream/handle/2263/26541/dissertation.pdf?sequence=1

參考資料：

Asmal, K. (2001). *Pride vs. Arrogance: The New Patriotism. Saamtrek: Values, Education and Democracy in the 21st Century. Conference Report.* National Conference. Kirstenbosch, 22-24 February 2001.

Collins, J. (2009). *How the Mighty Fall: And Why Some Companies Never Give In.* New York: Harper Collins.

De Klerk, J & Rens, J. 2003. "The role of values in school discipline". Koers, 68(4):353-371.

Smith, A. & Montgomery, A. (1997). *Values in education in Northern Ireland.* Belfast: Northern Ireland Council for the Curriculum, Examinations and Assessment.

香港課程發展議會（2002），《基礎教育課程指引》，香港：政府印務局。

課程發展議會（2000），《學會學習：課程發展路向（諮詢文件）》，香港：政府印務局。

課程發展議會（2001），《學會學習：課程發展路向》，香港：政府印務局。

鍾明倫、李子建、秦偉燊、江浩民（2018），〈香港課程改革下的價值教育：回顧與前瞻〉，《香港教師中心學報》，第17卷，頁19-33。

2019年11月8日

學校改革之路：關鍵在於過程

筆者於1998至2006年期間曾分別受業於幾位英國的教育改革專家，例如Professor David Hopkins、Professor Alma Harris 和Professor Mel Ainscow的門下，也有幸跟隨他們的英國研究團隊（註1）學習，並在英國的學校觀課、進行研究和搜證。當時他們分別在英國、加拿大和南非推動一個名為Improving the quality of education for all （IQEA）學校改進計劃，單以英倫本土，就有數以千間學校參加。經過研究核證證明（註2），大部分參與計劃的學校都能在校成功建立一支有效執行學校改革的團隊。他們對學校改進的方向清晰，改革目標明確，能針對學生和校情去設計屬於自己學校獨特發展的行動研究計劃，而且在3-5年間都可以在學與教方面，有明顯進步表現。

至於香港在2000年，透過當年教育局視學處首席助理秘書長潘忠誠先生的推介，引進IQEA（註3）作為期3年的先導計劃，其假設是學校可以透過強化校內的變革力量，令其營運方式能配合學校發展遠象和教育大環境的改革路向，以支援改進學生學習成效。前期試驗計劃共有9所學校參加，筆者當時獲邀擔任觀察員及分派到其中4間學校進行研究及支援，並負責向英國的計劃負責人Professor David Hopkins和其後的繼承者Professor Mel Ainscow報告。Professor Ainscow在完成了該第一期計劃時，寫下一個很有啟發性的報告（註4）。可惜當年可以閱讀有關報告的人不多，而且教育局亦沒有刻意為該報告的研究發現作廣泛宣傳，也沒有特別派專人或專責小組繼續跟進有關計劃的發展。

整個香港學校改進計劃的經驗，是一個有組織、有計劃和有系統的校內校外協作的行動研究計劃（collaborative action research）。當中着重的是由教師帶動（teacher-led）的學校改進歷程，研究報告指出，學校老師最樂見的是他們對學校改進概念的掌握，令他們加深對改革的認知，特別在使用教研、數據分析的方法去改進，豐富了他們的學教策略，從而改善學生學習成效；同時也增進了教師互動，建立共同語言，促進校內協作文化。

發展學校成為一間「學習型」的組織

IQEA不像一般學校效能研究所追尋的是有關學校的最後學習成果或產生了什麼成功特徵。IQEA的特點在於發展學校成為一間「學習型」的組織，和怎樣從裏至外去營造有利條件（conditions）和強化全體人員的改革力量（school capacity），去掌控改革步伐與支持整個學與教改進的工作。

為了讓更多有心想在學校進行學校改革計劃的教育領導者，掌握成功推行學校改進的經驗，筆者特別節錄了部分取自Ainscow, et al.（2005）研究報告內容，作重點分析如後述。IQEA認為學校改進可以有四個關注點：

1. 學校發展需聚焦學與教，而學校需營造適當的條件去支援改革工程；
2. 學校改進項目必須有優次先後序，而且必須由校本需要出發；
3. 要改進成功，過程必須着重按時搜集證據以評估學與教的進度與成效；
4. 改革歷程亦需有校外專家的支援及夥伴學校的分享協作，才能知己知彼，百戰不殆。

為了讓學校參加者能夠順利推行改革工程，IQEA有五個改革原則：

1. 學校改進是一個強調提升學生學習素質的歷程；
2. 學校所有成員必須是終身學習者和改革貢獻者，他們具有同一心志，遠象相同；
3. 學校視校外專家和外在資源為改革的契機與助力，以確保內部運作暢順並根據優先次序執行；

4. 學校必須持續和有系統地營建有效條件，全力授權改革團隊執行任務；
5. 學校的所有成員對整個改革成效的素質監察與評估都要有高度參與並視改革為己任。

IQEA有別於其他改革概念，在於它的改革意念是由學校的終極期望，即着眼於學生學習經驗的素質提升（quality of student experience），作為起步點去思考。而改革焦點（areas of focus）可以每校不同，例如：A校希望用現代最新人工智能科技去改造終極的學生學習效能；B校則想透過改善教學力量，提升教師的教學效能作為改革目標。其思考歷程可以用下圖作參考，去決定自己校本的改革方向和制定改革焦點和計劃。

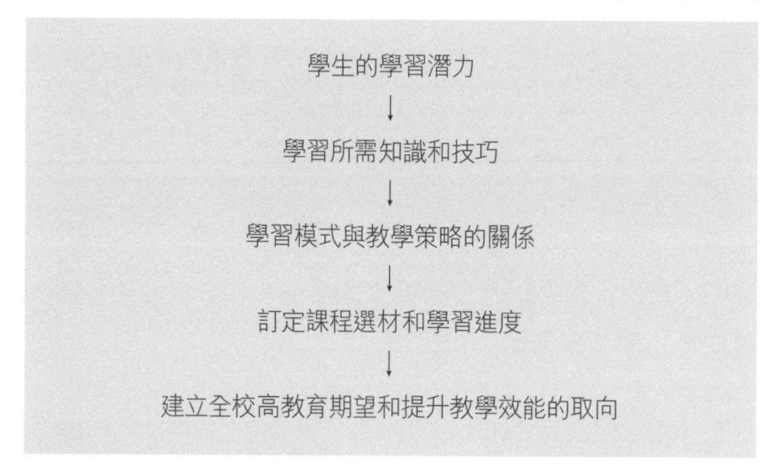

學校改進由教師的改造工程入手

有了改革焦點方向，學校便要計劃如何達成這個改革目標，簡單地説，學校改進是由教師的改造工程入手，一方面是學校能力的提升，另一方面是領導能力的培育與全面發展（詳見下圖）。

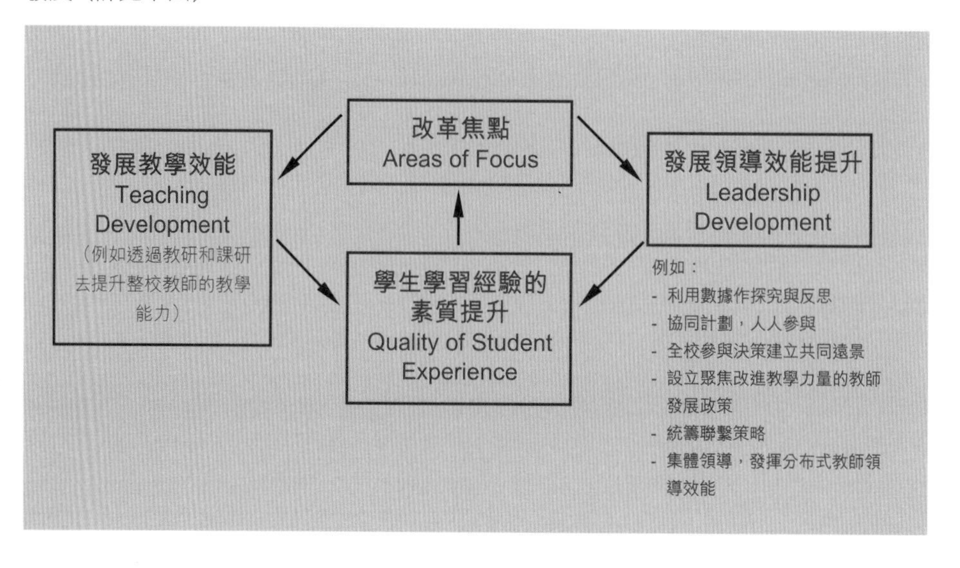

前線教師願意改變自己，改變自己的工作文化，以學生的福祉先行。（Shutterstock）

綜合了IQEA由英國到香港的經驗，研究隊伍認為這是一個文化重建的過程，因改變了前線教師對學校改進的思維，他們因有共同目標、共同遠象，所以他們願意改變自己，改變自己的工作文化，以學生的福祉先行。因此，他們肯定自己的工作，肯定自己的貢獻，努力協作地營建一個支持改革的環境，製造適合改革的條件，願意由優化課室教學開始，從而透過開放課堂、共同協作與資源共享去令教學成效提升；加上有校外專家的到校提點和支援，令到學校不斷自我更新、持續改進，更臻善美，符合「學習型組織」倡議者Peter Senge（註5）所形容的不斷進步與學習中的學校，不斷擴展其組織力量去創造未來。

教師疏離文化

至於從研究發現可見的改革阻力，乃來自學校領導層或部分教師的守舊思維。他們主觀上不想改變，抗拒學習新知識。特別在參與先導計劃的學校當中，有部分名校更是傳統，有關校長或老師的思想十分保守，他們比較戀棧過去的傳統優勢，不願承認學校有不足之處，更難與他校共享教學成果，因此學校發展與他校比較愈走愈遠，甚至「原地踏步」。另一失效原因和「教師疏離文化」有關，人人都以「專業教師」自居，所以「各家自掃門前雪」，整校教學隊伍間沒有共同語言，人人各自為政，學校如何進步？甚至有參與試驗計劃的教師被訪教師直接告訴當時做研究員的筆者："Why changes?" "A waste of time!"

研究經驗也顯示，在推動策略方面，不同能力、不同發展時期的學校，在選擇行動研究焦點都應有不同。例如：一些沒有許多改革經驗或準備度仍在初階的學校，因內部改革力量尚未成熟，所以改革焦點應多放在結構性的改變，包括改組領導團隊、建立學校改進團隊的改革力量，訂定改革項目的先後次序等，務求增加團隊對改革的共識，所以校外專家需多到學校舉辦校本教師培訓和提供到位的專業支援，例如為進行學與教改革的準備，而進行教師觀課培訓和實踐；至於準備度最好或學校發展期已達到成熟階段的學校，老師的教學和改革力量都已準備就緒，而學校領導層和前線教師都已建立共同語言，對改革方向有共同遠象，所以學校可以擺放多一些力量集中在學與教質量提升的方面，並以教研數據帶動學校改進，學校行政方面則繼續積極地營造有利條件和提供人力、財力資源去支援改革項目，所以在該等學校推行針對性的改進計劃，成績較有保障。

所以筆者認為，要打破這些傳統局限，就算已享譽多年的名校，也不能獨善其身，領導班子需虛心學習，除了自己必須是一個終身學習者外，還要經常留意教育的最新發展，在校建立一個大家都認同的未來發展方向（common understanding），努力營建一支有效的領導力量（leadership capacity），學校經常保持有效維繫和創新改進平衡發展，以數據例證帶動改革，經常重檢團隊改革的目標與方向，借助外界緊密聯繫（school-to-school cooperation），一步一步地建立一支學校協作社群，互相參照的改革團隊。筆者因曾深入認識上述計劃，知道某些成功改革的關鍵點，若沒有人將計劃成效清楚交代，實在可惜！所以借這篇幅，謹與各位有興趣進行校內改革的學校領導者和讀者共享。

註1：IQEA的意念是由四位劍橋大學的研究團隊，包括David Hopkins, Mel Ainscow, Geoff Southworth 和Mel West，從實際教育實驗計劃所產生的。早期還有Michael Fielding, David Hargreaves, John Beresford, Alma Harris, Mark Hadfield, David Jackson和 Judy Sebba等人參與，後期還有Paul Clark和一些學校參與者等。

註2：例如見Harris (2000) "What works in school improvement?", Leithwood & Menzies (1998) "Large Scale Reform: What Works?", Reynolds. Et al. (1996) "Making good schools", Stoll & Fink (1996) "Changing our schools: linking school effectiveness and school improvement" 和West (2000) "Supporting school improvement: observations on the inside, reflection from the outside" 等學者的研究發現。

註3： IQEA計劃源於1994年，由四位劍橋大學學者發展的學校改進計劃。之後該計劃分別被英格蘭、威爾斯、冰島、南非、波多黎各和加拿大等多個國家學校採用及實施，其後於1999-2000年引進至香港。

註4：2005年的報告是由 Mel Ainscow, Paul Clark and Mel West 以 "Improving the Quality of Education for All: Frameworks for School Improvement" 的名稱寫成。

註5：In Senge, et al. (2000) "Schools that learn".

參考書目：

Ainscow, M., Clark, P. and West, M. (2005). "Improving the Quality of Education for All: Frameworks for School Improvement." Lancashire, UK: IQEA Limited.第17卷，頁19-33。

2020年1月15日

教師這個行業也算是專業嗎？

「什麼是專業」？翻查維基百科，有關「什麼是專業」一詞，其解釋是：

A profession is characterized by the power and high prestige it has in society as a whole. It is the power, prestige and value that society confers upon a profession that more clearly defines it....

至於牛津字典對「什麼是專業」一詞，亦有它獨特的定義，它認為專業是：

a paid occupation, especially one that involves prolonged training and a formal qualification.

若從上述字典表面理解，「專業」可說是被社會認受看重的一種行業，它代表着專業者擁有權力、備受尊重和具有一定價值的意思，但有關人士必需要通過長期訓練，取得相關專業資格，並屬有償的工作。

筆者曾於柏立基教育學院擔任課程統籌主任（註1），是所有新生的班主任，每屆學員都約有200人。每年開始都會由筆者主持開學禮，並需向全體準教師訓話，當中一定離不開「什麼是教育專業」的類似話題，同時亦會和所有新生交心察問，通常會問兩個問題：

1. 您們當中，有多少人是在中學畢業時，已經決定選擇當教師作為您們的終身職業？
2. 教師是專業嗎？為什麼？

調查結果顯示，就學員是否以教師作為其首選職業問題，每年皆有約90%學員告訴筆者，他們並不是以教師作為首選行業。細問下，他們多是以醫生、律師、工程師、會計師等熱門職業作為他們理想的工作，到師範只是感到有點屈辱與無奈，甚至覺得自己是考試制度下的「失敗者」！至於他們是否認同教師是專業的問題，超過一半或接近六成學員認為教師不屬於專業，因為他們不感覺社會人士尊重教師為專業；況且他們認為香港沒有一個像其他國家一樣的法定組織——教學專業議會，去管理他們專業內的一切有關註冊、考核、專業培訓、在職發展、處理業內糾紛或註銷資格等事務，覺得沒有專業保障！

當年為要糾正師訓學員對「教師是不是專業」有謬誤理解問題，筆者曾引用當時一些教師專業議會或教育學者的論述，例如National Council for Teacher Education Act（1993）（註2）定義教師專業為：

a sufficiently long period of academic training;

an organised body of knowledge on which the undertaking is based;

an appropriate duration of formal and rigorous professional training with practical experience in the field; and

a code of professional ethics which binds its members into a fraternity ;

而台灣學者黃昆輝（1980）（註3）則認為教育專業應包括六項主要因素：專業認定、 專業成長、專業服務、專業訓練、專業責任、專業道德。

所以綜合上述説法，準教師們必需好好接受專業培訓，就算入學前未能認定教師是否其終身職業也不是問題，只要他們肯尊重自己作為教師專業，用心投入訓練，擁有相關的學科及專業知識與技能，有足夠的專業成長；畢業前能完成教學實習課程同時順利通過評估取得合格認證，願意履行專業專任，具備專業道德等，他們一定會被人尊重的！

不過，擁有了師資培訓資格，是否就等於得到別人對教學專業的尊重呢？根據《經理人月刊》創辦人何飛鵬（註4）的解説，他卻認為一個職業若要稱得上為專業，至少還要具備「專業精神」、「專業倫理」與「專業能力」三個重要條件。因為按何飛鵬的解釋，專業精神指的是對所從事的工作，抱持神聖崇高的敬畏，願用一生永無止境地追逐完美，因此專業內的人士將會不斷尋求突破、創新和自我完善。專業倫理講究的是業界內必須遵守的原則與規範，有的是明確成文的規則，如醫生、律師的倫理；有的則是不成文的準則；有的甚或是工作者的自我要求。而專業能力，就是指每一個工作者都會努力修練自己的專業能力，從最基本的工作熟練開始，再進階到流程的改進、方法的創新，最終的結果就是要成就一個具有高度競爭力的個人，然後做出不一樣的傑出成果。

期待修訂《香港教育專業守則》 提升教師專業形象

談到專業倫理問題，由於筆者過去多年都在教育局轄下的一個非官方諮詢性組織──教育人員專業操守議會（下稱操守議會）擔任成員，主力參與守則修訂及處理投訴個案的工作，因此對教師專業倫理和教育人員專業操守行為現況，有以下的個人觀察：

1. 眾多教育人員違規行為個案中，單以第10、11、和12屆（由2012至2019之間）的案例當中，涉及「行政失當」和「行為不當」的個案最多；

2. 其次是關於教育人員，特別是教師的「教學失誤」與行政人員的「處理人事不當」行為，為數也不少；至於有個別教育人員「態度欠佳」也是一個被投訴的原因；

3. 許多處理過的投訴案例其實都屬於一些個別教育人員之間的人事意氣之爭，大部分都可以避免，只是因過程中沒有一個有效而投訴雙方都接受的調解機制，絕對可以是大事化小、小事化無的；

4. 從前的投訴個案大部分是在業界中發生的校內不和行為而被同事投訴居多，近年卻多了公眾人士向議會投訴業界內某些教育人員失當的行為；

5. 近年多了一些有關教師使用不當言詞和與風化有關的投訴，例如有人在公開場合説粗言穢語，有人在網上社交平台上發表不恰當言詞，更有個別教育人員因師生戀、非禮或性騷擾的行為而被投訴；

6. 對於一些傳統認定的價值取向，如公平、公正、公義、自由、民主、平等、尊重、權利與義務等概念的理解，都可以有不同甚至隨着時代改變更有全新的演繹，所以對修訂現有的《香港教育專業守則》（下稱《守則》）有更高的期望與渴求。

從不被廣泛認同為專業，直到操守議會的成立，教師這個行業才首次在文獻上被認定是一個專業，並有教育專業內必須持守的《守則》可供依循！可惜，今天香港教師可參考的專業守則，已沿用超過25年，部分內容更有不合時宜跡象，必須作出修訂及更新。另因應社會對教育工作者的專業操守期望也有所提高，所以操守議會自2008年（第八屆）起便開始修訂《守則》條文，務求令《守則》能與時並進。期待修訂後的《守則》可幫助業界同工對操守行為有更高的期盼，作自我警醒之餘，更有助提升教師專業形象。

至於教師是否專業的問題，其實各位亦不用妄自菲薄，永遠覺得自己這個行業不被尊重！因為早於2007年，國際教育專家Michael Barber教授曾領導的一班世界知名管理顧問/學者（註5），參考了國際經濟合作發展組織（註6）在全球50多個國家為比較評估各國中小學生的數理閱讀能力所做的研究（Programme for International Student Assessments，亦即PISA）。有關總結報告除肯定優秀教師隊伍在成功教育體系的重要性外，並讚揚香港教師的成就，認為香港的教師素質是香港能躋身世界最佳教育體系前十名的成功之鑰，與日本、新加坡、澳洲和芬蘭等國家同列。而香港與其他前列位置的國家在教育投資、學校文化建立，特別是亞洲國家所倡議的尊師重道的優良傳統，都是成功關鍵的促成原因。既然香港教師都屬「學高為師、身正為範」的師訓出身，而且其教育成果，即香港的學生在國際教育比拼上亦取得傑出的成就，加上我們有一套良好和大眾認受的《守則》作為專業依據，為什麼教師不被尊為專業呢？

註1：後期學院轉到大埔校舍後，筆者仍擔任兩年制的一年級和三年制的二年級課程統籌主任工作。
註2：Cited in National Council for Teacher Education (Amendment) Bill, 2019 passed in Rajya Sabha, India
註3：黃昆輝（1980），《教育行政與教育問題》。台北：五南。
註4：有關「什麼是專業」文章詳見下列網址：https://www.managertoday.com.tw/articles/view/13508
註5：McKinsey Management Consultants
註6：即The Organisation for Economic Cooperation and Development（OECD）

2020年3月20日

作者簡介

蔡國光，香港中文大學新亞書院歷史系畢業，香港中文大學研究院文科碩士。歷任教育評議會主席/副主席、教育評議會教育基金主席、香港特別行政區選舉委員會委會、香港特區政府中央政策組（非全職）顧問。現擔任教育評議會教育基金副主席、仁愛校長會委員、香港教育大學在職教師專業進修課程諮詢委員會委員、中學及小學校董等公職。

陽明心學：生命的自信與文化傳承的生命力

《左傳》有言：立德、立功、立言，謂之「三不朽」，乃傳統推崇人生最具生命意義的貢獻標準。古人能達此境界者，前有孔子，後有王陽明。

王陽明，即王守仁，生於明憲宗成化至世宗嘉靖年間，以科舉出仕任官。因得罪權貴被貶貴州龍場驛，在陽明洞悟道，自號「陽明子」，世稱陽明先生，或王陽明。其任官功績，包括招降今福建、廣東、江西交界大規模民變，又討平寧王宸濠之亂，以軍功封新建伯兼南京兵部尚書。其後因廣東廣西少數民族起事，朝廷委以總督兩廣軍務，剿平叛亂。陽明病逝於退任返鄉途中，臨終遺言：「此心光明，亦復何言」。

陽明的偉大，不止於其功業與品格，更在其傳承與焦點突破儒家心性之學。

儒家思想，奠基於孔、孟仁義之説，主要內容就是肯定主體，成就道德人格的學問。孔子推崇仁，強調君子的仁德；孟子主張性善，人皆有四端之心，重義利之辨。

至秦皇漢武，儒學成了政治工具，始皇焚書坑儒，而漢武罷黜百家，獨尊儒術。漢代儒學，或陽儒陰法，或儒學讖緯化；或成了致仕之途，察舉孝廉，經學博士。漢唐儒學，皆重經學集注模式傳承，於儒學心性本體的探究，少有觸及。

唐代學術，開啟儒釋道三教講論之風，三教漸有融和合流之勢，影響宋代理學初興，如周敦頤、張載諸先行者，皆重宇宙本體的探討。而宋代理學，既棄經學傳注，又多用《大學》、《孟子》、《中庸》、《易傳》，重返孔孟心性之學，重修養工夫的探索，其中二程、朱子，格物窮理致知之學尤其彰顯。南宋陸九淵，與朱熹同時，朱熹邀其為諸生講學，雙方並以詩文對和，因突出心性觀念，格致之學的不同，世稱鵝湖之辯。

「心外無物」、「心外無理」

程朱重心性修養工夫，主張窮理格物而致知。陸九淵主張「先立乎其大者」，一脈相承，至明代陽明直指「心外無物」、「心外無理」，提出「心即理」、「致良知」，鼓吹「知行合一」，程朱陸王皆在促使儒學重返先秦孔孟心性之學的探討，而陸王尤其直指心性本質的肯定。

陽明心學，歸宗孟子，如四端之心，見孺子將墮於井，皆有怵惕惻隱之心，是道德主體的既有肯定。陽明良知之說，見於《孟子》：「人之所不學而能者，其良能也，所不慮而知者，其良知也。」陽明學特重孟子四端說「是非之心」，是非的判斷，就是道德的根源。

陽明對弟子言：「人胸中各有個聖人，只自信不及，都自埋倒了。」心即理，要自信這良知良能如孟子所言浩然之氣，吾自有之。這份自信心是內心強大的力量。如孔子說：「我欲仁，斯仁至矣」，「仁者不憂，智者不惑，勇者不懼」，內心的自信是擁有強大力量的根源。

陽明心學是中國文化自信與傳承的蘊積，卻因王門弟子各立門派而紛紛擾擾，也因其對主體的充分自信與直接肯定，於清初被評為束書不觀，游談無根。有清一代，體制推崇程朱理學，學術發展考據訓詁大盛，陸王心學隱潛不彰。

王陽明（左）的心學，歸宗孟子（右），如四端之心，見孺子將墮於井，皆有怵惕惻隱之心，是道德主體的既有肯定。（Wikimedia Commons）

陽明心學成後世的膜拜

晚清以還，西力東漸，陽明心學，修練之精純，功業之輝煌，成了政治家、軍事家、哲學家的膜拜。推動晚清自強與維新的曾國藩、梁啟超，清末革命的孫中山，民國的蔣介石，共產黨的毛澤東，皆拜讀陽明心學。日本幕末，推動倒幕至明治維新的福澤諭吉、伊滕博文、西鄉隆盛、東鄉平八郎，至近世的三島由紀夫、稻盛和夫，皆拜服陽明心學。有説西鄉隆盛隨身印章刻字「一生俯首拜陽明」。

要注意的是「聖人不仁，以萬物為芻狗」。武將、獨夫、從政者、文學家、經營者各有善惡，各是善惡的合體。以上人物舉引，不是提倡要法之效之。

陽明生平，幼小聰慧而有志向，經歷科舉舊學、程朱理學、佛道之學，至困厄龍場而啟悟發明本體，直指心性之學。再而應用於處世與戰陣，因其成就而獲得客觀的肯定，這是道德自信、文化自信，儒學蘊積自孔孟以來的探索與突破。心學的金句，如心靈雞湯，看似簡易，望文生義，即可心領神會。其實中國哲學思想，不着意於概念的精確或直接定義，思想家慣常通過具體的應用以顯現思想意義，即使嘗試下定義，也會前言不同後語，這在《論語》孔子的不同學生問仁，充分體現。

陽明心學，近年再成顯學。其中文字，如禪修禪語，機鋒處處，表面簡單易為，能否有成，還是要看立志與躬行實踐的修煉。

最後，以陽明晚年心學四句教作結：

「無善無惡心之體，有善有惡意之動，

知善知惡是良知，為善去惡是格物」。

2020年1月14日

當校長的基本條件，要有堅定而良好的教育信念

初認識的朋友圈子，偶爾的閒聊，知悉筆者的工作背景，話題自然談及兒女的教育。選幼稚園，升小升中，直資與國際學校的比較，往哪兒升大學……

人人關心教育，背後會是着意孩子豐盛的學習經歷、健康成長、美滿前途的期盼，各人有各人的教育想法。談及對整體本地教育的看法，居然為數不少論及校長專權，引例就是月前某小學教師校內自殺，傳媒以「小皇帝」稱號禍因就在校長對教師的專橫。

「小皇帝」一詞冠諸學校校長，筆者印象大概1990年，當年教育部門——教育

署，推行「學校管理新措施」試行計劃，表面上配合政府整體公營部門改革，簡政放權予學校，目的是要學校行政管理與發展規範化，學校要擬定較具體可行的教育信念，每年製定發展目標、執行措施，定期評估與檢討，其中提及校長是小皇帝，人治與權力無制衡。

30年過去，時光不會倒流，校長早已難再位居神壇，高人一等。

現時在任較久的校長，熟悉既有學校文化與制度，與教職員磨合已久，日子過得還不太難。至於新任校長，尤其空降的校長（即非由原校擢升的），挑戰之大，壓力之重，非比尋常。

本地學校，校長工作範疇與權責，就是學校整體，全面包攬；舉凡學校變革與發展、行政管理、財務、教師管理與發展、學生學習與成長、師生及員工的安全、校舍校具與維修、家校協作、校董會事務、社區關係與學校推廣……或者曾經無邊的權力，今天是無盡的責任與包袱。

校長工作責任愈見具體

今昔對比，以千禧年為界，教育部門全面推行「校本管理」，校長工作責任愈見具體，往後挑戰有加少減。

適齡學童大減，收生不足則縮班殺校，生員減少必然拉扯入學生員水平。保住生員數目與入學生員素質成了學校生存的重要目標。學校焉能不辦好，誰是領頭羊。

教育部門視學制度變革為「素質保證視學」，發展至近年稱作「學校發展與問責架構」，其中「校外評核」直指校長領導與工作表現，「自評」包涵全體教師評核校長專業領導才能。對校長評核，實行陽光政策，難以隱諱。

教職員聘任與升遷，工作督導，促進專業發展，亦皆校長責任。學校要當良好僱主，教師職業保障周全充分；遇上敷衍塞責的教師，如何扭轉，如何扶持，成了校長工作的另一挑戰。

近年新政策、新資源、新措施湧向學校，校長如何有序有效，妥善執行，持續理順各項措施，避免墮入行政與財務陷阱，最大化善用資源。單有堅定而良好的教育理念，並不保證就能完成職責，也不足以應對當前校長工作的最大挑戰，包括教師管理、危機處理、財務管理、家長投訴。還需要有良好的實務能力、團隊協調能力、親和的態度、足夠的學養、毅力與決斷力。

2019年5月27日

考察與專題研習結合的校本課程

遇到不少同行，提問筆者，何解每年領着學生，到內地考察交流。借這趟欄目，略作分享。

大概從1992年開始，筆者組織學生到內地考察。早期是東莞虎門炮台一天行程，推展為珠三角至粵北地區三天行程。1997往後，每年最少自行籌辦兩個團，一團中六全級，一團中三兩個班，前者省外，考察由三天擴展至八、九天；後者省內，行程一般三天。

參與考察，學生需要組織學習小組（四人一組），擬定考察研習課題，包括主題、研習目標、論證方法、閱讀、搜集資料、分析、匯報，也要多次修訂研習焦點及方法等。考察過程及返港後，要整理資料、口頭匯報、編寫報告。整個項目是持續大半個學年，包含有規劃的教學目標、教學方法、教學內容及教學評估的校本課程。

筆者原為歷史科教師，起始由帶引學生於社區認識社區的歷史、文化、宗教建築，擴展至考察新界的宗祠廟宇、歷史遺蹟。

1990年，參與教育署校本課程設計，編製初中三年的香港史課程，用作配合中史科教學。其中元素，包括設計香港及省內的考察計劃，獲得教育署與出版商認同，分別編印為教材，提供全港學校參考使用。

香港學校需要建構學生國民身份

作為身處香港的歷史科教師，對於學生的國民身份建構，是相對比較在意的。學生走到內地，不是消費式旅遊，也不是飲飲食食的玩樂，安排機會體察民生，親炙河山大地，接觸平凡人，學生自然有所領悟。香港是特殊的地區，需要學校措施彌補學生成長過程建構國民身份的欠缺與不足。

回顧教育政策，港英殖民政府原來實施的子民教育，到上世紀八十年代開始，有明顯的轉變。

普及教育推展，教育素質的改善提上議程。1984年至1997年，教育统籌委員會公布一號至七號共七份報告書，有助提升教育的開放、改善與專業化。

這後殖時期的政策開放，還包括1985年及1996年前後頒布兩份《公民教育指引》，開放政治教育的禁制，從子民教育到鼓吹公民教育，以至明確回歸同時，要塑造國民身份及歸屬感需要的國民教育預備。

1989年開始，教育署鼓勵教師參與「校本課程設計」，1991年，鼓勵學校參與「學校管理新措施」計劃，本地學校在學校發展、行政管理、課程與教學等不同範疇得到鬆綁，獲得較多的自主性，探索學校的專業發展與建構學校特色。

筆者就是在這個獨特的歷史背景，在學校開展超逾20年的考察與專題研習結合的校本課程。

香港是特殊的地區，需要學校措施彌補學生成長過程建構國民身份的欠缺與不足。（Shutterstock）

鼓勵較深度的考察交流

今天回看，特區20年來的國民教育施行，有論者謂，成效適得其反，也有論者謂，由上而下，成效有限。筆者看，回歸初期，香港學校教育未有因為政策鬆綁而有明顯變化。九七後要向教育部門，包括教育局或青年事務委員會，申請批撥內地考察項目，渠道與經費皆不足。大轉變要到2007年，國家前主席胡錦濤視察香港，督促時任特首要重視對青少年進行國民教育，由此導引2010年特區政府籌劃推行國民教育科，以及其後加大力度資助學生內地遊學考察。

在考察範疇，教育局、公民教育委員會、青年事務委員會近年皆增撥資源，撥款不同團體，為中小學提供內地考察項目。

其中教育局資助考察團數目尤其大量。學生皆只須繳付低廉團費，以至全額獲得資助。至於學校方面，毋須大費周張，一切行程規劃、內地聯繫、領隊導遊、飲食交通，皆由校外團體負責。學校只需選派學生，按生師比例安排隨團教師，發函通知家長，收費及協助安全工作，以及考察前後各安排一次集會。至於考察過程的學習設計，連習作紙也可由校外團體代勞。

旅行與遊歷學習有不同，專題研習與填寫習作紙有不同。但從教育政策層面看，資源撥款增加，考察團數目，以及參加的學校、師生人數增加，這是落實政策的第一步。

至於滿足政策的數量規劃，下一步的措施如何，可以從以下幾方面開展：鼓勵較深度的考察交流；促進學校以校本模式，開展考察項目；安排學生蹲點學習，範疇可包括文化、歷史、藝術、體育、科研、 STEM等。以上各項，除了學生，對象還要加上教師這不可或缺的角色。

2019年4月17日

作者簡介

曹啟樂，風采中學創校校長（2002—2014）。具學士、教育文憑、碩士學歷。參與教育事務包括：教育評議會創會主席，現任執委；風采中學、德萃幼稚園及小學、創知中學校董；香港教育大學顧問；學生能力國際評估計劃（PISA）香港中心監察委員會委員；羅氏慈善基金（Law's Charitable Foundation）執委；資優教育基金（GFF）執委。2000年獲香港特區政府頒授榮譽勳章（MH）。

疫情下的教育生態

今年學校的舊曆年假尚未結束，新冠狀肺炎疫情突襲而來，學校迅即停課至今，原定3月復課再延至4月20日，而到時能否成事，抑或只是局部復課仍是未知數。

疫情影響下，首當其衝的是幼稚園，尤其是私立幼稚園。因為2至3歲的學前預備班（N班）不是正式幼兒教育階段，不受政府資助，家長須交付學費，故此在停課日子拖長後，湧現一股退學潮，由一半到八成。缺乏此筆學費收入，但仍要支付租金，老師工資，肯定對營運者造成沉重負擔。教育局與社署雖分別對幼稚園及幼兒中心提供6至18萬的額外資助，但只能畧有幫助。於是一些幼稚園只好辭退部分教師，或放無薪假期，或削減一半或以上工資等作應對。假如業主不願大幅減租，學生持續退學，幼稚園難以經營下去。近日已有幼稚園結業消息見報，並有低調賣盤中或結業的。筆者盼望教育局關注這個現象，密切和業界聯繫，呼籲業主減租，再次提供財政支援，讓幼稚園渡過這次嚴峻難關。

網上學習宜評估成效

至於官津中小學，並沒有遇到如幼稚園般困難，因成本開支是政府承擔的。然而停課不表示停學，學校不開門上課，老師卻不在放假，仍需要預備教材，以電子教學媒介，努力作網上教學的嘗試，讓學生在此期間於家中繼續學習。最常見的利用傳送和分享的平台YouTube，放上學習材料及現身講授。一些外教（NET）又喜歡用Wizer這個流動應用程式，因為可以放上其他形式資訊，以及有關問題，要求學生作答。更進一步的是進行實時教學，在指定時段由老師直接網上施教，主要利用Zoom這個多人視訊會議程式。這是可以與學生互動，提問及作答，知道學生學習進度。如有跨境學童身在內地，會使用VPN（虛擬私人網絡）接收香港資訊。

然而這是學校一個新嘗試，要在一段長時間進行網上教學，學校之間在規劃與執行上肯定有不少差異，以至起動時間也不同（由2月至3月起不等）。這既是個考驗，也是重要的學習機會。在老師層面，是要求大家盡力掌握最新資訊科技，以最有效的方式組織及呈現教材，吸引學生學習並深入了解所學，也要評核學生的學習進度，進行整體或個別的輔導。對管理層而言，亦需要規劃統籌，不宜放任自流，百花齊放。按每級每科需要，編定每天教學進程，要規定適當的網上教學時間和功課量。過長的授課時間（如小學超過三小時），過多功課量，只會讓學生吃不消。其實這段時間，班主任定期和學生聯絡，了解其生活作息、學習進度，適時作出提點、支援，也十分重要。

學校教育可否被取代

雖然學校損失了兩個多月的上課日子，教育局仍然決定本學年不會延長，學校自行調節，也可依舊在原定的7月中放暑假。這裏有兩個假設：1）網上學習有成效，學生學習沒什麼損失。2）學校會按自身情況，把其他活動包括考試，試後安排等取消或壓縮，進行額外補課，追回失去的教學時數。也許這兩項假設可以成立，故教育界沒有多大反應。至於家長群組則有不同聲音，部分認為不延遲放暑假，學生學習進度難追得上。私立學校反而很快作出延長上課日的決定，一至三周不等。事實上，長期網上教學始終是首次進行，成效參差，也未能驗證，延長實體上課時間是比較穩妥的做法。教育局不作此決定，也許有其他非專業的考慮因素。

學校仍有存在價值？要作出什麼的改變才可延續？未來學習模式會變成怎樣？（灼見名家圖片）

筆者建議教育局和教育學者可進行相關調查、研究、檢視網上教學和學習的規劃、實施方式、遇到的困難，以及教育成效等。如能夠找到一些比較成功的個案，值得和業界分享交流，互相學習。不要平白錯過這個難得的長時期線上教學實踐的經驗總結機會。

疫情雖有終期，但難保日後不會重臨，甚至就在不久的將來。同時，經過今次停課不停學的實踐，相信各校老師在電子教學方面提升了認知與技能，復學之後仍可適時運用，以補足實體教學。

眼利的讀者看到這裏，必定會提出一個疑問，如果教育局的兩項假設，尤其是首項，可以成立的話，學校教育是否可以被網上電子學習取代？或者問，有什麼功能仍需要在學校上課才能發揮？ 即有什麼是必須在校內，透過師生之間互動，同儕之間交流，才能掌握及培育而成的？ 學校教育可以有多大程度上被網上電子學習所取代？這當中有什麼重要的成功因素，又會引致什麼重大的後果？又追問下去的是，學校仍有存在價值？要作出什麼的改變才可延續？未來學習模式會變成怎樣？

篇幅所限，不擬討論下去了，但這個課題是所有教育工作者難以迴避的。

2020年3月16日

秋日海參崴歷史文化之旅

符拉迪沃斯托克（Vladivostok）是俄國在遠東最大城市，意指「統治東方」，中國人稱之為海參崴。自遼至清，納入中國版圖，只因晚清國力衰弱，在1860年第二次鴉片戰爭後，中俄簽訂《中俄北京條約》，清廷割讓了烏蘇里江以東，包括庫頁島在內40萬平方千米土地予俄國，此城成為俄國領土，並見證不少歷史事件。1891年西伯利亞鐵路開通，以莫斯科為起點，向東直抵海參崴。1904年爆發日俄戰爭，日本軍隊曾偷襲此地。其後兩次世界大戰也涉及其中。筆者近日整整在此地遊了6天，得着很多，故樂意向教育界推介，作為遊學地點一個考慮。

當前社會時局紛亂，本港學生往內地交流活動大幅減少，那麼學校考慮舉辦遊學團，除日本、韓國、新加坡、澳紐等地外，也可選擇海參崴。一方面是赴俄不用簽證，有直航可達，約4小時機程，而回程則要經首爾或北京。另一方面是在飽覽北地風光之餘，中西史老師可實地現場講解近代中、日、俄，以至世界大戰相關歷史。視藝、音樂科老師也可借助此地畫廊、音樂廳以及東正教教堂、郊外公園、燈塔，以及特異的玻璃沙灘，進行藝術音樂建築欣賞、寫生攝影等創作活動。

10月秋日，海參崴天氣清爽，秋色滿溢，紅葉處處。（作者提供）

軍人氣派 神聖光輝

俄羅斯號稱是戰鬥的民族，這裏經歷日俄戰爭，俄國革命後的內戰，兩次世界大戰，如今仍是俄國太平洋艦隊司令部所在地。我們在高處遠眺海灣，只見一列現役戰艦並排停泊。隨即靠近觀看，感覺氣氛肅殺，不能入內，因為是軍事重地。於是往附近的舊軍堡參觀。這個位於高地、面臨港灣的軍堡，四周展示各式軍器：高射炮、 坦克、機槍、魚雷……部分放置原位，槍炮口對準前方海面。遙想當年日軍本襲，俄國堅守，日軍不得要領，只好轉戰遼東半島及大連，並最終戰勝俄軍。自此一役，沙俄國力衰落，加上十年後投入第一次世界大戰，泥足深陷，民怨沸騰，終於導致皇朝末日，以及共產政權出現，成為首個社會主義國家。

我們又購票進入一隻潛水艇參觀。此保留下來之潛艦是百戰皆勝的軍事重器，在第二次大戰擊沉多艘德國軍艦，並能完整倖存。船內軍器、設施、用品基本原樣保存，又配上大量圖文。遊人細看看觀看實物，不難體察當年軍人的艱辛與危險。

我們又參觀了古老的火車站，即著名的西伯利亞鐵路終站處。第二大戰時，德軍佔領了蘇聯在波羅的海、黑海主要港口，大量美援物資在此上岸，經西伯利亞鐵路運往歐洲戰場。現在可用7日時間抵達莫斯科，並可沿途落站，欣賞北地勝境，如貝加爾湖。

在市區某公園一高處，矗立一座列寧銅像，右手高舉向着前方，仿似在號召群眾進行革命。這是市內僅剩的三尊列寧像之一，其他都拆掉了。近代世局勢風雲變幻，1989年之後幾年間，東歐共產政權瓦解，蘇聯亦解體，俄共執政70多年而已，

二戰時服役的蘇俄潛艇，遊人可入內參觀，了解軍旅生涯的艱苦。（作者提供）

列寧當時一番理想，創造一個新天地，60年代唯一可抗衡美國的大國，如今安在？其實此城在十月革命後並不安靜，在1917-1922俄國內戰期間，美英日聯同白軍、烏軍等力抗俄共勢力，俄共曾在1920年成立遠東共和國，作為緩衝區，至1922年才由紅軍接收，並併入蘇聯內。

試想中西史老師帶領學生親臨上述歷場景，沿途講解各歷史事件，學習歷史哪會沉悶？焉能沒有興趣？老師更可延伸討論，同是共黨執政，中國也經歷六四，備受西方各國孤立、制裁，形勢險峻，然而最終走出困境，尋且經濟起飛，國力增強，原因何在？歷史可以是活生生的，是過去與現在的延續體。而歷史教訓是可以並理應記取的。

俄羅斯民族一向信奉基督東正教，但在蘇聯時期，教會受到抑壓，如今宗教活動已經恢復，但因為有數十載的中斷，中青年教徒便少了。我們在星期日上午到訪一座東正教教堂，目睹虔誠信徒在誠心祈禱，帶戴白色長帽及披白色長袍的教士被信徒團團圍住，等待着接受祝福，深感一片濃濃的宗教氣氛。而仰望教堂建築，在陽光照射下，金色與淺色洋葱狀蓋頂，顯得閃耀生輝，仿如黃金與藍寶石，襯着蔚藍蒼穹，萬里無雲，令人產生美與和諧之感。這都是香港未有的宗教建築，相信能引起學生的興趣。歷史或宗教老師可藉此説明基督的演變，視藝老師可安排學生進行寫生、拍攝等活動。

藝術文化 瑰寶呈現

俄國人素有重視藝術文化的傳統。音樂、芭蕾舞、繪畫等也名家輩出。我們於此瀏覽了畫廊，內藏不少俄羅斯著名畫作，由古代至今俱有。一些小學生，亦在細心觀看。又花了兩個晚上，在新建的音樂廳，著名的馬林斯基樂園（Mariinsky Orchestra）駐場所之一（另兩處為莫斯科和聖彼得堡），欣賞了一場芭蕾舞精品，一套歌劇，是威華弟（Verdi）改編沙翁的名著《馬克白》（Macbeth）。

觀眾除本地人外，有不少日本、韓國遊客，大家全場安靜守規，沒有在不適當環節拍掌，在謝幕才拿出手機來拍照。再看節目表，是差不多一個整月有20多場演出，對一個人口70萬的城市來説，此點大致可反映藝術文化之普及。如師生同遊的話，可不要錯過高水平藝術演出機會呢。

10月秋日，海參崴天氣清爽，秋色滿溢，紅葉處處。野外遊人眾而因地廣闊，不覺擠擁。我們用了大半天在一個野外公園遊逛。滿眼所見是黃綠紅一片片，心境豈能不愉快。同遊的陳可勇博士伉儷，是法住學會已故會長霍韜晦教授學生及機構導師，於數年前毅然放下在港事業，在廣東肇慶創立民辦的立仁學校，經歷艱辛，克服險阻，現已發展為有6所學校的教育機構，明年更開辦高中，鋭意發展為省的卓越學府。筆者每天與他倆交流辦學、教育經驗，相互砥礪，多有啓發。因此這次旅行，不只是享受，也是學習。

遠東大學 百年學府

遠東聯邦大學前身是建於1899年的遠東學院，2012年搬入佔地50萬平方米的新校區，是在海市南端的俄羅斯島上，前臨大海。同年，亞太經合組織大會在此召開，政府為此修建了俄島大橋與金角灣大橋。我們參觀了美麗的大學校園，以及鄰近的海洋館。明白這所俄國最現代化的大學為何揀選以下學科優先發展：海洋資源、能源技術、物流運輸、納米技術、亞太區研究及生物醫學。這都和大學所處周邊環境有關。到處所見，天海一片藍，而新建大橋，瞬間可到達港口，一方面是海洋資源豐富，另一方面是靠近物流要塞，陸上的鐵路，不凍港的營建，讓俄羅斯與世界互通。在校園觀察，見不少歐亞外籍學生，也許其中一個因素是距離亞洲、歐洲都不算遠吧。

六日行程轉眼結束，遊興仍未盡，日後有機會要在此地出發，沿西伯利亞鐵路西行，沿途飽賞北地風光，包括世界第二大，儲水量第一的淡水湖──貝加爾湖。最後，想寄語本港大學生，不妨利用長假期，進行世界各地的壯遊（不止舒適享樂的所在），學習獨立生活，認識不同文化，開拓視野，擴闊胸襟，當會有豐盛收穫。趁青春結伴遊，莫負青蔥歲月！

2019年11月1日

校友的成長與成就是師長最大的欣悅

筆者至今是最長的文題！但最能表達此刻的心情。接踵而來的有關學生、校友消息，令我高興。文題正反映我的真誠感受，亦相信可引起學校教育工作者的共鳴。

7月收到一位舊生的來言，剛完成大學法律課程，開始上班：「霎眼間大學五年便過去了，過程一點也不容易，也讓我更加感激在中學時您給我許多機會去磨練。特別感謝您介紹我給xxx夫婦。如果沒有你的牽引，也不會有今天的我，真的非常感激！」一位公共屋邨，出身單親家庭的學生，勤奮、正直、敢言的性格吸引師長，包括本人（校長）的注意，予其嘗試不同活動的崗位，勇於承擔，認真，並從失敗中學習，成長。學校資源有限，介紹了一位好友夫婦當其「導師」（mentor），之後畢業後繼續陪伴此校友成長，透過他倆拓展其視野，亦體認人

教師全力以赴、學生正面成長，又懂感恩，是為師最大安慰與欣喜。（Shutterstock）

性的光輝（付出不是口說的，是身體力行）。我覆：「恭喜你。要保持初心，分清黑白。在這年頭，需要頭腦清醒，原則性強的青年人為個人、家人、社會、國家服務……。」期望此校友日後成為富正義感，能多為相似出身的基層民眾服務的法律工作者。

踏入8月，香港動盪，社會嚴重撕裂，我們為教育的更怕政治走過校園，干擾正常的學習。看來中小學生更要在此刻學習如何在互相尊重、真誠聆聽的基礎上去化解紛解。「調解」以達致雙方可接受的「協議」是法律訴訟中另一能解決爭議方法，如果成功亦會省去不少金錢、時間，並且有調解員作中介，對話雙方在過程更了解對方想法，底線以致縮窄分歧，達成方案。

校友是我的驕傲

一位舊生，長期從事特殊教育，近年也負責師訓工作，本身是專業調解員（義工），此刻挺身而出，樂意到中小學，提供免費的調解講座和工作坊，希望我作出推介。筆者會想其在校時，已活躍於不同活動，並常就學習或校園事務坦率提出意見，有時亦都會頗尖鋭，但出發點肯定是正面，期望情況能改善。數年前在大學校園重遇，已變得成熟，但熱誠、真誠、為改善現況而發聲，以至化為行動之特性仍不改。此次主動提出針對現時紛亂時局，免費去中小學校主持「調解」講座，我是十分樂意支持、協助的。這校友，也是我的驕傲。

早兩個月，知道一位首屆中學文憑試的舊生修讀中文學位課程，在友校任教後，適逢母校有一名中文老師退休，即申請教職。在激烈競爭中脱穎而出，今年9月開始重投母校懷抱，但身份而轉變，由昔日的乖乖學生，變為春風化雨的中文老師。不禁腦海中浮出此校友在校六年的一些印象片段。作為校長，我不可能認識每一位學生，但至少在他們中六畢業前一批一批地見面，一些表現突出的會留下印象，這校友是其中一位，因為在中文科活動及其他服務團體中都曾積極參與。了解、認同母校傳統、文化、價值，當起老師，自能發揮傳承作用，亦可予一個模範角色。祝願這校友有在工作崗位上繼續成長，與以前的是老師，今天是同事前輩合作，做一個優秀的語文（文學、文化、文字）教育園丁。

教師全力以赴、學生正面成長，又懂感恩，是為師最大安慰與欣喜。上周文憑試成績覆審公布，一名學生成功在化學科晉升一級，因而能升讀醫學院。另一同學性格內斂、出身內地，文憑試前老師為其狂操英語口語卷，終獲「驚喜」成績，也入讀醫科。再有一位朋友兒子，一直想讀醫科，惜中文科失手，於是數年前到英國大學讀相關學科，今年畢業後再報本地大學，其母校校長、中文科老師，加上筆者親撰推薦信，説明其中文水平良好（考了其他中國語文試，成績良佳），最終得償所願！筆者盼望幾年後，他們會成為具醫德、高醫術的大國手！

2019年8月27日

作者簡介

馮文正，風采中學前校監。香港中文大學教育學士，1970年起入職為小學老師，任小學校長26年後退休。教育評議會1994年成立後，多年來出任副主席、執委。曾任教育委員會、教育統籌委員會、優質教育基金督導委員會委員，津貼小學議會主席。現任多所小學校董、津貼小學議會顧問、香港初等教育研究學會及小學教育領導學會執委。也曾擔任《信報》、《星島日報》專欄作者及教師中心刊物編委，寫作範疇包括教育政策、學校領導、小學與幼兒教育。

2020年愚人節預言

每年4月1日，我都會做愚人節預言，有些時候會發表，有些時候只是供友人參閱，事後多數沒有追蹤實現率，也沒有人告訴過我，幸好也沒有人罵我胡言亂語，或許收視率也不高吧。

今年是好特別的一年，我決定把2020年愚人節預言公開發表：

預言一：現在是最好的時刻，也是最壞的時刻

我個人相信這預言的命中率是100%。

預言二：全球化概念，地球村的想法被人質疑

多年來隨着現代化的發生，通訊及交通發達，各地民眾交往頻繁，互通有無，貿易、旅遊、留學，令各地間距離縮短，什麼也講全球化，一體化。歐盟的產生，移民潮，令一體化更形實在，但近年因貿易戰，難民湧入，英國脱歐，東西方冷戰重臨，軍事競賽加劇，這全球化的想法備受質疑，山頭主義，保護主義再次冒起，加上美國陸續退出世界性組織，地球這個共同體瀕臨瓦解。

預言三：大型基建，大型集體運輸，大城市的建立，不再是各地政府的優先項目

多年來發展中國家多投入大量經費做大型建設，鄉鎮城市化更是重中之重，隨着全球化熱潮冷卻，國與國交往漸趨停滯，疫情及貿易戰的影響下，大家都會把注意力放回本區的發展，小城市在疫戰中的自我保護功能彰顯，食物及物資自給自足十分重要，集體運輸功能不再是進步的倚仗，小國寡民概念衝擊下，大型基建、交通樞紐不再是追逐的夢。

預言四：中國醫藥的發展一日千里

近年中醫藥發展蓬勃，2015年中國藥學家屠呦呦獲諾貝爾獎，令世人震驚，她在中國傳統醫學中得到啟發，發現青蒿素並用於抗瘧治療。今年對抗新冠肺炎，中醫藥的功效再備受關注，一帶一路各國人民對中藥趨之若鶩，可預見漢藥在世界會續佔重要地位。

預言五：網上教學，反轉課堂外 更會翻轉全球教育系統

各地都有社會事件發生，各地的疫情令大家都進入停市、停學狀態，網上連繫更是重要，幾時開學，幾時復課不應再困擾學界，唯一方法是網上學習，這不但令教育大翻轉，零售、虛擬金融、辦公模式大改革也會令職業培訓模式及內容大革新。

預言六：各地融和勢頭受影響

地球上不同角落，國家與國家之間，國家內不同城市，不同區域的利益關係漸趨複雜，由中央一刀切的管治模式，逐漸會發覺甚難順暢執行，英國脱歐是一個故事，而蘇格蘭希望留歐又是另一個故事，政治領袖的智慧考驗，日趨頻繁，管治人才實各國的培訓要務。

預言七：最能吸金的研究項目除醫療醫藥外是太空研究

地球上居住環境的不安全，日漸受注目，大企業及財團為避免環保人士的攻擊，會投放資金進入太空研究，找尋第二個地球。

筆者在愚人節作出8個預言。（Shutterstock）

預言八：香港必能浴火重生

香港很早受社會運動衝擊，也很早受疫情衝擊，集體運輸系統也屢受故障、停擺的考驗，貿易戰影響經濟的打擊，市面蕭條，大家都能坦然面對，最壞時刻能最早經歷，浴火重生，實乃迎接最好時刻的先決條件。

2020年4月2日

香港學生最要學習的兩件事

年多前有一位朋友獲得日本一所著名大學邀請，去當地做研究學人，他的專業是輔導學，他在那邊蹲點一年，做研究及學習，回來後，有一次我與他閒談，我認真地問他，比較過日本及本港的學生，我們的學生最要學習的是什麼功課？他也很認真的回答我，說：應該是要學會「尊重」吧！

盡本分

他舉出兩個例子，（1）他說，在日本的大城市，一般交通都十分繁忙，堵車是常見的，但不論情況，駕駛者都盡量讓出其中一條行車線，讓它可以通行無阻，每當有其他車輛在其上快速前進，龜速的自己不會嘗試跟隨，反而對自己說：「他一定家有急事，才會使用這條快道，心中想，他日我有急事，才會使用。」絕無抱怨。我想：在香港，這一定不會發生，大家趕路，都會向所有空位鑽上去，包括不應在堵車時駛入的黃格區。

（2）他又說：在日本，教師都只會在假期進修，不會影響學生的正常課業，在假日，老師們去到借出學校禮堂讓他們上課的地方，第一件事，是把鋪在禮堂木板地上的大帆布捲起來挪開，自行搬好上課用的桌椅，原來在日本，學校是很少聘用工友的。一般搬抬、清潔都由老師們合力去做，上課完畢，又會合力把桌椅放回原位，重新鋪好木板地上用作保護的大帆布，這時，或許有部分教師會先行離開，不把整理工作做完，但留下來繼續工作的教師都會這樣想：「啊，原來這幾位都是家中有趕急的事。」絕不會「有樣學樣」，把工作丟下便走。

我的朋友說：我覺得香港的學生最要學習的是「尊重」，既尊重別人的需要，也要尊重自己應盡的責任，他說：這叫做「盡本分」。這番話令我記起西點軍校校訓「責任•榮譽•國家」，在我的三個孩子還很細小的時候，我便常用「責任」、「榮譽」這兩個詞語教導他們。我說：「這兩個詞語是雙生兒，盡了責任，才配得榮譽。」

公德心

最近有去過泰國旅行的朋友與我閒談，他認真地問我：泰國的教育是不是辦得很好？

我有點摸不着頭腦，我知道很多人都在研究芬蘭的教育，但未有聽過讚泰國的，何以有此一問？他說：在泰國旅行，在交通工具上，我常見到年輕的學生向別人讓座，在香港，我完全感受不到香港的學生、年輕人會這樣做……

我心想，下次有機會去泰國旅行，我應該留意一下，或許，我也應該研究一下泰國了。的確，在香港的地鐵上，我幾乎難得看見年輕人、學生讓座給老人家或背負着沉重行囊的人，近日我甚至常與老師同工們分享：以前我不覺得有什麼重要，現在年紀老了，在車上有時都想有別人讓座，但肯讓座的真是鳳毛麟角。我記得以前看過一幅漫畫諷刺這個情況，就是排排坐着一排人，當看見老人家上車了，全部都立即很齊心地一起閉上眼養神。記得不久前我寫過一篇文章，題為「公德心」，我在其中曲線地指出，坐地鐵時衝門及不讓座，是最令人感到香港人在日常生活裏缺乏公德心的其中兩個具體表現。

此文刊出之日，又是新一年的開始，我借此機會呼籲家長們、老師們，好好檢視子女們、學生們「盡本分」及「公德心」這兩個日常生活裏應有的思考和態度。

2020年1月30日

我的朋友說：我覺得香港的學生最要學習的是「尊重」，既尊重別人的需要，也要尊重自己應盡的責任，他說：這叫做「盡本分」。（亞新社）

作者簡介

朱啟榮，香港大學教育博士，多間幼稚園、小學、中學校董，現任中華基督教會協和書院校長，曾任多間中學校長、副校長。曾任津貼中學議會執行委員、黃大仙區中學校長會副主席、香港中學校長會執行委員及屯門區中學校長會秘書；並擔任香港大學、香港中文大學及香港浸會大學兼任講師。過去連續三年，朱校長帶領中華基督教會協和書院，在2013、2014及2015年獲得香港最受推崇知識型機構大獎（Hong Kong Most Admired Knowledge Enterprise (MAKE) Award），為第一所本港獲此殊榮的中學；2014年度更獲全港首名得獎機構及榮獲亞洲最受推崇知識型機構大獎。

校長如何面對工作中所遇到的矛盾？

筆者曾向讀者介紹學校文化的正向發展及簡介家校合作關係對學校文化的影響，本文筆者嘗試探討校長如何從學校文化的角度解決學校所面對的矛盾。

Deal & Peterson（2016）認為目前各地的學校都走錯路。幾十年來，全世界都進行教育改革，試圖以他們的努力，提升教學效能、改進教學科技，以為這樣學校的教學水平就必定會提高。Deal & Peterson（2016）提出校長除要進行教育改革提出的各項改進措施外，也需要處理學校文化問題，以恢復學校的文化根源，才可以有效讓教育改革發揮果效。校長需要深刻考慮學校在轉變過程中有否體現學校角色及其領導本身的角色。另一方面，校長需要同時兼顧學校文化及組織架構。當校長正努力集中精神處理學校文化問題時，很容易忽視學校組織架構的清晰度和技術能力是否能配合有關教育改革的轉變過程。校長目標應該是在兩者之間取得平衡或對稱。

二元思維

西方社會以往大多採用二元思維作為思維模式，主導我們的教育改革亦然。我們傾向於只看到學校問題的解決方案與其他極端方案之間的選擇：結構或文化、理性或精神的。西方人士思想一般從簡單化預定的答案來選擇以解決問題，而不會考慮在令人費解的困境中尋找更多不同方案，同時又可以力求平衡。

二元思維導致人們將管理和領導視為互不相同。因此，不少校長認為他們需要選擇一個方向而不是另一個方向，他們以為提升科技卻忽略文化方面，而不是在同一時間一起兼顧兩方面。西方社會的校長經常問自己他們想成為誰（Who

對於接受矛盾想法的校長，二元思維無疑來說，為他們開闢了新的可能出路。（Shutterstock）

they want to be）、以哪種方式表現（Which way to behave）或需要強調什麼（What to emphasize）等不是這樣就是那樣的選擇處境。他們應該仿效理性嗎？任何一種選擇都會產生自己的困境。正如Pirsig所述：

> 因為我們已經習慣了二元思維，所以我們通常不會看到除了是（Yes）或非（No）還有第三個可能的選擇，縮窄我們對方向及選擇的理解。西方社會沒有任何與之共存的概念，所以西方社會開始不得不用日語「Mu」。「Mu」意為「無」，意謂問題的背後並非是一個「是」或「否」的答案，「是」或「否」的答案不單只對問題錯誤的理解，更是不應該被給予。我們應該揭開問題的根本才是解開謎底的竅門。（Pirsig, 1984, p.288）

揭開問題意味着要校長可以因應問題而創造有意義和秩序的新答案，這些答案可以是同時是變革的支持者和現狀的維護者。校長可以找到傳統或創新、緊密或鬆散、依舊或有創意之間的平衡點。校長可以擁抱矛盾（Paradox）及珍惜他們在工作上遇到的難題，這可能是創造解決問題的新方法。

雖然擁抱矛盾的想法聽來好像很奇怪，但可能是找到一個令人困惑的問題的出路。在學校裏，複雜的問題可能需要校長以平衡及雙焦點的角度方能成功解決：既有科技又有文化、既有管理又有領導、既有轉變又有穩定性。

校長的矛盾（Paradox）

每天在學校中出現的困境需要新的方法結合領導和管理。我們需要考慮領導與管理像錯綜複雜的繩結交織在一起，包括領導與所帶領的人、時間和方式與學校的辦學使命、目的及意義交織在一起。

Deal & Peterson （2016） 以美國學校行政管理人協會（Association of School Administrators, AASA）執行總監Paul Houston所提出 「處理行政管理困境的十大領導特質」說明以矛盾的理念引伸出來的一種思維方式。他建議領導應該展現這些特質（Houston, 1990, p.22）：

- 相互依賴的自治 （Interdependent autonomy）
- 靈活的完整性 （Flexible integrity）
- 自信的謙遜 （Confident humility）
- 具警覺意識的冒險 （Cautioned risk-taking）
- 雙焦視覺 （Bi-focal vision）
- 具不穩定性的穩定 （Wobbly steadiness）
- 持懷疑態度的信念 （Skeptical belief）
- 淺薄的同理心 （Thin-skinned empathy）
- 低度的冷漠感 （Lowly aloofness）
- 孩子般的成熟 （Childlike maturity）

雖然這十個特質可能看起來很矛盾，像混合兩種相反的概念。對於接受矛盾想法的校長，二元思維無疑來説，為他們開闢了新的可能出路。Paul Houston提出的這些特質與道家的「無為」概念很接近。道家所謂的「無為」是介於「一事無成」和「凡事皆強迫完成」之間的行動。校長就在寬鬆管理與過度嚴密的管理控制的極端之間保持中間位置。

在道家傳統學説中，哲學家運用陰陽的概念以描繪兩種相反的概念，當兩種相反的概念結合起來便統一成為一個整體，例如：男人和女人、愛和恨、戰爭與和平及現狀和創新——每一個的存在都使另一個成為可能。陰陽概念實際上代表一種看似兩種相反的概念卻表達一種隱含的統一。在棒球比賽中，沒有攻擊球手就沒有對手的防禦。在自然界中，沒有幼蟲的犧牲就沒有蝴蝶的出現。在學校裏，沒有退休的資深老師就沒有新聘任的年輕老師；沒有舊計劃的放棄就沒有新計劃的引進；如果沒有結束同工各行其是的情況，就不可能形成新的員工合作。Watts （1975） 指出，「生活的藝術不在於堅持陽盛和陰衰，而是保持兩者平衡，兩者都要並存，沒有這一個的存在就不可能有另一個的存在。」（Watts, 1975, p. 21）

Deal & Peterson（2016）認為這樣平衡性對於校長的日常管理領導來說十分重要。校長的日常管理工作中需要平衡甚至擁抱兩極的概念，例如具技術的藝術家（a technical artist）和有藝術意識的技師（an artistic technician）；組織者（an organizer）和啟發者（an inspirer）。校長通過合併不同的，看似相互衝突的角色，可以為複雜的處境及局勢同時帶來和諧與平衡的解決方案。

Deal & Peterson（2016）又指出當校長在制定校務計劃時，多考慮塑造校園文化的這回事，就可能可以解決看似相互衝突的問題，例如以詩歌和故事來闡釋新政策，或利用傳統和儀式來提供資訊給學校的持分者或重組學校價值觀。每個事件或情況都提供給校長機會在管理時領導及在領導時管理。這個方法讓那些忙碌的校長有可用時間作緩衝。這個方法對於學校來說，有助於解決在維持學業成績的同時又能兼顧學校信念的傳承，又可以在管理日常細枝末節的同時可建立團隊精神。事情的模糊性（ambiguities）可能是好東西，可以用新的方式來處理矛盾和尋求看似相互衝突價值觀、想法和行動之間的出路。

參考文獻：

Deal, T. E., & Peterson, K. D.（2016）. *Shaping School Culture*. John Wiley & Sons.

Pirsig, R. M.（1984）. *Zen and the art of motorcycle maintenance: An inquiry into values*. New York: Morrow.

Watts, A.（1975）. *Tao: The watercourse way*. New York: Pantheon.

2019年8月29日

面對矛盾的領袖

今天，社會形勢日漸複雜，不同階層的領袖均須面對各式各樣的挑戰及矛盾，校長每天在學校的工作亦然，處理這些挑戰及矛盾實在不容易。上文向讀者介紹校長如何運用平衡性想法解決工作中所遇到的矛盾、複雜的處境或困難。本文嘗試探討三位領袖如何運用平衡性想法解決工作中所遇到的矛盾。

幾年前，Bower（1989）研究三名高效的領袖，揭示他們成功的原因。在三年期間，她觀察並採訪了一名醫院院長、一家雜貨店經理和一名高中校長。她還訪問了他們的下屬。她特別關心這些領袖如何發送和接收來自下屬的訊息。她找到了一些有趣的模式，說明了面對工作中矛盾的秘訣。他們展示在工作中如何平衡領導和管理。三位領袖運用以下的方式與下屬進行溝通及向下屬發放訊息：

- 經常向員工表達「與您在一起」而不是「在您身邊」
- 經常肯定員工「您是專家」
- 遴選新的成員成為生力軍

- 培養明確的核心文化，鼓勵成員保持忠誠
- 以開放、包容和高素質方式進行溝通
- 建立一套員工間的共同詞彙以強化良好服務態度和合作精神
- 透過員工的專業發展
- 保養設施以突出員工在機構工作的自豪感，從而鼓勵成員對機構關心和自身對工作質量的承諾
- 鼓勵員工自己致力成為機構重要的一員

上述這些領袖與下屬溝通的模式及所發放的訊息與近年在學術界所發表的領導和管理的文獻所倡導的理念一致，其實也與不少校長在學校與下屬溝通的模式及所發放的訊息相近。可是，隨着Bower（1989）深入研究這三位領袖的行

不同階層的領袖均須面對各式各樣的挑戰及矛盾，校長每天在學校的工作亦然，處理這些挑戰及矛盾實在不容易。（Shutterstock）

為，她偶然發現了一些意想不到的模式。Bower（1989）起初還假設有效領導的普遍會發出明確及一致的意見訊息。相反地，她發現這三位領袖發出似乎是混雜又矛盾的訊息但卻有效，並在許多方面頗為協調。由於這三位領袖所屬的組織本身具獨特的背景，這些相互矛盾的訊息並沒有被視為令人困惑，反而獲成員普遍地理解並被廣泛接受。成員會認為這些訊息不是矛盾而是代表着不同立場發出不同聲音，當中並沒有反對。相反，這些代表着不同立場的訊息提供了機構獲取平衡和統一的整體印象。若機構拒絕接納及收集這些看似相互矛盾卻代表着不同立場的訊息，機構會出現更多矛盾及混亂。若機構接納這些看似相互矛盾卻代表着不同立場的訊息，機構可以實現一種平衡、一致、和諧又健全的機構文化。

Bower（1989）的研究指出領袖需要幫助人們思考，尋求他們的答案，並在指定範圍內做出一些決定。領袖鼓勵員工可以關心機構，對於機構發展可以自發地、有序地、有創意地、精確地、富有想像力地又基於事實提出改善機構的建議。員工可以在相互矛盾的不同意見中找到自己的平衡點。

大多數校長幾乎沒有時間可以安靜一會。每天，校長經常受到不同問題和危機的衝擊。校長需要更多時間反思和創造新的思維模式才可能找到不一樣解決學校所面對的難題的良策。面對校長崗位日益提升的要求、倍增的複雜度而愈來愈含糊不清的學校目標情況下，校長需要新的領導技巧讓校長更有效地處理工作上不可避免的難題。

五種在艱難環境中所出現的矛盾

接受工作上的矛盾是實現平衡與和諧的一種方式。Bower（1989）在其研究中曾對一位中學校長Paul　Morris分析他如何處理工作上的矛盾。Bower（1989）發現Morris校長對五種在艱難環境中所出現的矛盾有頗新穎的反應，並發揮超凡的領導力：

1. **角色期望的矛盾**：每人需要主動尋找自己的角色的要求才可滿足該角色的期望，意思就是除了做你認為對的，也要做沒告訴你的而應該要做的事。學校工作的每一名成員往往需要主動尋找自己的角色的要求才可滿足該角色的期望。Morris校長發現不少老師喜歡可以掌控自己工作及能夠塑造自己角色的感覺，以為自己已完成工作上的要求就已可滿足別人對自己角色的期望。Morris校長期望老師能看到自己角色比校長能描述得更廣泛。Morris校長鼓勵老師多想應該要做的事，而不用人家告訴。這種角色期望是對組織所有成員都有關，不單只是下屬，身為主管更應一馬當先做應該要做的事，而不用人家告訴自己。

2. **表現的矛盾**：每個人都有機會犯錯，但是若因為怕犯錯而不嘗試或甚至不做事，機構損失將很大。Morris校長認為學校可以容忍犯錯，期望員工從犯錯中獲得教訓，令學校日後可以做得更對及更合乎學校需要。Morris校長在他豐富管理經驗中已預期會出現錯誤，所以他可以容忍犯錯，但要求員工不能再犯同樣的錯誤。雖然Morris校長希望人們能夠做正確的事，但同時容忍員工犯錯，期望員工有成長。Morris校長對工作中犯錯作出適度寬容，解決員工工作中犯錯的矛盾是為了日後可以做得對。

3. **問題認知的矛盾**：人們很多時面對困難時都不願承認有問題，錯失解決問題的最佳時機。最好解決問題的方法是允許他們成為問題。問題是不可避免的。Morris校長認為學校出現問題是正常的及可接受的，問題出現並不是什麼大不了的事情。另一方面，他為避免自己遇到不必要的問題，他不會隨便地跟隨教育當局的強制改革措施，他會先閱讀所有相關的文件，然後決定會給老師做什麼和我不做什麼。可是有些校長只會照本宣科地將當局的改革措施一一傳遞給老師，就必然為自己帶來不少問題，遇到很多麻煩 。因為他們只把事情傳遞下來而不是決定什麼是重要的，什麼可以被忽略。Morris校長雖然不怕面對問題，遇到有問題就承認有問題，及早處理避免有關問題惡化，但不會主動找問題來處理。另一方面他會努力避免問題出現及知道問題發生後如何處理。

4. **控制的矛盾**：管理層很多時事事都管，管得太多，令到機構出現問題。最好管理的方法其實是「放手不管」。雖然Morris校長掌握着學校控制權，但他不用什麼都管。Morris校長對學校的事都瞭如指掌，也對外部的影響給予適當的緩衝。Morris校長意識到他無法控制大多數外界的影響及內部的事，所以他會給予適當的放手。Morris校長對學校的控制權處於平衡狀態，一方面掌握着控制權，但同時也給予適當的放手，令到他的同工也可參與管理。Morris校長分享對學校的控制權，讓其他管理層同事可以分擔，一方面可以增加彼此協作，也可促進彼此交流及加強對學校的歸屬感。

5. **關注的矛盾**：每個人都很想有人關心。學校的成員包括學生、家長及教職員都很想有人關心。校長可以關懷的方式行事並不意味着校長總是需要關心他人。雖然校長可以表現溫柔而關心個人，但是校長亦需要有時就學校整體需要考慮時表現得強硬。Morris校長一般散發着一種關懷及對人敏感的態度，但他卻有明確標準作為依據。他顯然關心老師、教職員及學生，他都會以愛心和溫柔地對待他們。同時，他也很有原則，處事強硬。他曾解僱一位無法管理學生的老師，他亦曾開除態度頑劣的學生。他曾於學年中重新安排教師習以為常而感舒服的時間表，雖然教師起初不明白箇中原委，但他們後來發現這樣的改變比起以前的安排更好。

Morris校長一般不會給予簡單明確而直接的訊息，反而習慣地發出混合又複雜的訊息。對於每一個陳述或行動，都有與此相反的訊息：例如「共同努力──自主」；「想想事情──行動」；「謹慎──承擔風險」。Bower（1989）認為明顯的矛盾給Morris校長的學校帶來了統一和平衡。Morris校長以揭開謎底或平衡對立幫助下屬維持一種對不同方案之間的良性張力。這些下屬可以看到不僅「是」和「否」的二元可能性，他們也可看到在「是」和「否」之外，還有沒有其他可能的方案。我們身為校長可以從Morris校長的經驗中體會如何處理工作上遇到的矛盾，關鍵點在於校長能否以角色期望、表現、問題認知、控制和關注等矛盾作出平衡及引導。

領導力在矛盾或衝突中並存

Bower（1989）從研究三名高效的領袖意識到不可以二元思維的想法解決矛盾。領導力就是與在矛盾或衝突中並存。顯然，校長在學校工作中經常面臨許多矛盾。校長在學校工作中不能避免矛盾，校長需要學習與矛盾或衝突並存。校長和教師領導者需要做很多學習及操練來平衡和透過矛盾來融合領導和管理。

Deal & Peterson（2016）認為這樣平衡性對於校長的日常管理領導來説十分重要。校長的日常管理工作中需要以平衡的策略來解決工作上所遇到的矛盾，可以為複雜的處境及局勢同時帶來和諧與平衡的解決方案。

Deal & Peterson（2016）又指出當校長在日常處理校務時，多考慮塑造校園文化的這回事，就可能可以解決看似相互衝突的問題。事情的模糊性（ambiguities）可能是好東西，可以用新的方式來處理矛盾和尋求看似相互衝突價值觀、想法和行動之間的出路。

參考文獻：

Bower, P. B.（1989）. *Living the leadership paradox: The pivotal points of leaders' signals and signaling.* Unpublished doctoral dissertation, George Peabody College.

Deal, T. E., & Peterson, K. D.（2016）. *Shaping School Culture.* John Wiley & Sons

2019年10月2日

作者簡介

蔡世鴻，中華基督教會協和小學（長沙灣）校長。1990年投身教育界，2004年始擔任校長。由於早年於香港大學取得資訊科技教育碩士，多年來一直熱心推動資訊科技教育，2014年獲委任為香港大學教育學院管理諮詢小組委員。學校位處深水埗，故積極與學生投入社區的服務工作，期望教導學生回饋社會，服務他人。2016年獲選為深水埗中南分區地區委員會副主席。2016年起加入教育評議會，負責協助《教育現場》的編輯工作，現擔當教評會副主席。

談學校的「守法教育」

因應近月的社會事件，不少人都提出學校要教導學生「守法」，本人十分認同，筆者早在2016年的一篇文章〈校長老師票選小學生的六大重要品格〉中，已提出學校只要求學生遵守校規，卻忽略了教導學生守法的重要。

教育局建議中、小學的「七大首要培育價值觀和態度」，是「堅毅」、「尊重他人」、「責任感」、「國民身份認同」、「承擔精神」、「誠信」和「關愛」，有沒有要求學生守規守法？沒有！所以學生要爭取自己的權利，要讓人注意他們的訴求時，覺得破壞和犯法，比起社會秩序和守法更重要。我絕對反對這種想法，舉個例子，一名學生想去洗手間，老師請他等一等，他覺得這是他的權利，為什麼要等？覺得老師不理會他的訴求，於是大吵大鬧，推倒課室的枱椅，希望得到老師及同學們的關注……這種行為，你們會接受嗎？那麼學校應在何時教授守法？如何推行？筆者認為要重新規劃課程，然後在大、中、小學全面推行。

大學生學守法

大學生都是有識之士，是未來的社會棟樑，要他們明白守法的重要和違法的後果，我認為大學應設一個學習守法的必修單元，可以分為「認識」和「討論」兩個層面。不要以為這是讀法律的學生才要學，我們身處法治社會，如學校不教導學生守法，待社會來教導我們的年輕人，到時要坐牢或留案底，代價實在太大了。

認識法律方面，大學生要學《基本法》外，也可認識「香港法治的核心價值」、「普通法與成文法」、「私隱條例」、「民事法與刑事法」等法律概念，這些都是生活小常識。討論方面，我們可持開放的態度，讓年輕人討論「違法達義」、「法律與公義」、「民主與守法」、「《基本法》賦與的權利」等議題，這些可以是通識內容，也可以是社會學和哲學的議題，都是大學生必須認識的，當然教授者要持正確和中立的態度，否則領着學生愈走愈歪，只灌輸自己的政治理念，那便枉為人師了。

教導年輕人遵守法律，學校是責無旁貸。（亞新社）

中、小學的守法教育

中、小學也要學守法嗎？絕對需要，因為品德培育是要由小做起，相比大學，推行的力度要更廣和更深。「廣」是指領導層、老師和學生都要學，「深」是指應該放入公民教育的課程內，有系統地學習。近年教育局要求中、小學的校監、校董和校長上法律課，筆者有幸成為其中一位講員，今年我在幾所大學教的教育法律講座，一教就是11節，對象是學校的校監、校董和中層，報名者眾，證明有此需要。因為管理層如不認識法律，如何要求教師守法？如何面對日益複雜的社會問題？所以我希望教育局能增撥資源，舉辦多些法律培訓。

學校管理層要學的教育法律，主要是「疏忽侵權」、「警告和解僱」、「危機處理」、「學生紀律」和「合約法」，社會對教師的言行和品德，一向要求較高，學校管理層如不裝備自己，認清自己的權力與責任，很難要求教師和學生一同守法。老師也要學習法律，一來是要教導學生 ，二來是警惕自己，認清法律的界線。

至於課程方面，中、小學生除了學《基本法》外，更可學習「守法與公民責任」、「資訊素養」（分辨網上資訊的真偽和認識網上罪行）、「違法的代價」、「尊重私隱」、「科技與罪行」（明白科技能產生罪案，也能防止罪行）等，這些都是近月的社會事件中，學校較少接觸的內容。

至於教學法方面，老師宜深入淺出，多引用生活事例，多出外參觀，如參觀內地的高科技城市，參觀法庭和監獄，都是很好的體驗；也可請律師、退休法官、警察等到校分享，讓學生對法律和法治多認識，讓他們知道法律不是校規，犯法的代價很大。記得有位律師朋友曾跟我說：「法律是冷冰冰的條文，寫下來叫我們不要觸犯，犯了法就要承擔責任。」所以教導年輕人遵守法律，學校是責無旁貸。最近外界常常批評學校向學生政治洗腦，所以教師要堅守「學校政治中立」的原則，以專業的態度，擬家長的心態，教導學生守法的重要，老師更要言教身教，守法守規，做一個學生學習的好榜樣。

年輕人是充滿熱誠和感性的，有時做事會不顧後果，幹了才算，所以學校要在日常生活中，教導他們多角度思考，三思而後行，遵守法律，不要以自己的前途作賭注。我也希望教育局能正視這些問題，重新檢視學校的通識教育和公民教育，以往教育局強調學生要有「批判性思考」（critical thinking），那是不全面的，只會批判，是有破而沒有立；只會責怪他人，不會多角度思考，不是教育的精神，也不是學習的應有態度。

2020年1月24日

作者簡介

陳偉倫，現職中學校長，從事教育20多年，曾任職於資助學校、直資學校及國際學校，亦曾任香港理工大學及香港中文大學客席講師。特別關注藝術教育、創意培育、學生成長和學校組織及領導。先後畢業於香港教育學院、香港理工大學設計學院、香港公開大學及香港中文大學研究院，並於美國Northeastern University取得教育博士。於2008年及2015年與友人創辦非牟利藝術團體art-at-all及「香港傑出學生藝術家獎」，推動本地藝術教育及青年藝術家的發展。亦曾為香港藝術發展局（藝術評論）審批委員。主編書刊包括《P for Portfolio 創意作品集學與教初探》、《發明＋生活＋創見＋創意＋創造＋創新＋教育…》及《學校新藝術》。

給予自主權 讓學校的多元發展遍地開花

棄考呈分試 非多數學校的出路

筆者曾撰文指出，在中學學位分配辦法下，小學生需在小五、小六時參與校內呈分試來爭個高低上下，從而按該校學生banding比例（註1）計算出學生的banding，決定其升讀的中學。為了使學生在呈分試中取得好成績，不少學校均早早摩拳擦掌預備應試，呈分試成了本地小學教育和評估的指揮棒，促使孩子從小一起，便爭逐於默書、測驗和考試中。文章刊出不久，收到被稱為「神校」的直資男校就退出中學學位分配機制向家長諮詢的消息，有關的家長信提到退出中學學位分配機制，正是為了讓孩子不再參與小五、小六的呈分試，使學校在制定課程和評估時更具靈活性。

該校能選擇退出中學學位分配辦法，棄考呈分試，是由於實施中小學一條龍教育，同時廣受家長歡迎，大部分家長均希望就讀小學部的子女升讀其中學部。加上該校是直資學校，享收生自主權，即使部分學生選擇升讀其他中學，該校也不愁招不到優秀學生。然而，不是每所學校均具備這樣的條件。所以退出中學學位分配辦法，棄考呈分試，非多數學校取得課程和評估靈活性的出路。

獨享自主權 強者變更強

丟掉了呈分試指揮棒，配以直資制度提供的在教學語言、財政人事及資源運用諸方面的自主權，學校可在STEM課程、跨學科學習、自主學習、探究式學習、專題式學習、開闊國際視野等方面作更多嘗試，制定符合學生需要及社會發展的課程、評估和教學策略。沒有了呈分試壓力，學生有更多空間時間，在課程以外，如科研、體育、音樂、藝術、創意等方面多元發展。在不同範疇上有傑出表現的學生，亦會因有更多空間、時間發展一技之長而選擇該校。由於直資學校有收生自主權，可比官津學校搶先一步招收學生，結果精英為其盡攬。

有體育教師打趣説，直資學校應與官津學校分開進行體育比賽，以示公平。筆者更聞未加入直資計劃的傳統名校校長慨嘆説，我們已不能與直資學校相提並論了。在這樣的遊戲規則下，享有較官津學校更多靈活性和更大自主權的直資「神校」將發展出更多更強的辦學特色，在各項比賽中獲得更好的成績；而官津學校則留在操練困局掙扎，兩者差距將愈來愈大，不利香港整體教育發展。

提供靈活自主權 讓官津校發展特色強項

直資學校享有較官津學校有更多自主權，是有其歷史原因的。直資計劃剛問世時，少有學校問津，當局為了吸引學校參與，調整政策，讓直資學校享有較官津學校更大的自主權，參與學校才陸續增加，及後一些傳統名校也相繼加入。20多年後的今天，不少直資學校均因依充分自主權，展露出學校的特色和強項，對推動香港學校多元發展作出了貢獻，加入計劃的一些傳統名校也成為了家長心目中的「神校」。

如教育當局希望官津學校也能發展出更多更強的辦學特色，與直資「神校」爭長短，是時候考慮把部分直資計劃提供的自主權，也給予官津學校。可考慮的措施包括：提高官津學校的自行收生比例；並讓官津學校與直資學校同步確認收取學生；讓官津學校自行選擇適合學生學習的教學語言；讓官津學校局部開辦非本地課程等。如教育當局能給予學校靈活自主權，校長和教師將有更大的空間，發展學校特色和強項，使每一所學校都有機會成為家長心目中的「神校」，讓香港學校的多元發展遍地開花。

註1：學校的學生banding比例取決於香港中一入學前香港學科測驗（Pre-S1）。

2019年1月31日

如教育當局希望官津學校也能發展出更多更強的辦學特色，與直資「神校」爭長短，是時候考慮把部分直資計劃提供的自主權，也給予官津學校。（灼見名家圖片）

作者簡介

黃冬柏，新會商會中學校長。現為屯門區校長會副主席、屯門區西北分區委員及屯門區青年活動委員會委員。畢業於澳門培正中學及香港中文大學。理學士（主修物理學）、哲學碩士及教育碩士。主教科目包括物理、科學、高補程度通識科等。教育評議會增選執委、灼見名家傳媒「教評心事」專欄召集人及作者，近年亦有在個人網站、社交網絡專欄上分享雜文、短評（http://gg.gg/pwed_wtp/）。教評會創會會員及第一至第四屆執行委員、歷任秘書及出版崗位、教評會刊物《教育現場》編委會成員。曾任教師中心諮詢及管理委員會委員，也曾參與香港教師中心出版組工作。近年參與《教育心宴》、《教育同心行》、《教育同心徑》、《教育同心橋》等結集的主編工作。多年來關注課程發展、學校管理與改進、學生成長和教育改革等課題。過去近30年常於報章發表本港教育、政策及教改課改評議文章。2003年參加「傑出教師選舉」獲頒優異獎，2011年獲頒海華師鐸獎。曾任考評局物理科校本評核地區聯絡員，亦有出版過中學會考物理教科書及參考書籍。

疫症能喚起科學教育嗎？

教育改革步伐走了20多年，當年追求的目標可有達成？有待各方學者專家和政府部門在未來檢討再作定論。然而自從新學制落實至今，無可否認的是本地數理科學教育水平不振；雖然個別尖子在相關領域都有不錯的表現，但研究報告的數據和教育學者的評論早已指出這個發展走勢。

科學教育發展令人不安

即使撇除坊間接觸到的種種批評，但本地科學教育的發展確是令人不安。從考評局發表修讀傳統科學學科和數學延伸單元的學生人數偏低即可見一斑，中學校園選科數據、學生在數學課堂和科學實驗的表現；甚至大眾文化中掌握科學常識的不濟，在在說明我們社會對科學和科學教育的重視不足。

這也是上屆政府提出STEM（科學、科技、工程、數學，數理科技）教育的背景原因之一。不過，STEM教育熱潮促進了基礎教育校園應用科學技術的熱情，但不重視數學和科學教育的現實改變其實不大。

數學和科學教育除了本科內容教學外，培養學生的抽象思維、憑數據立論、邏輯推理、重視例證等能力也是這些學科的課程目標；應用方面的發展確是可由STEM教育協助促進了，但其他部分卻是未如理想。

疫情令社會重新尊重科學

一波新冠病毒肺炎來襲令社會充滿恐慌，加上醫護界尚未掌握到治療方法和全球蔓延的大爆發，一時間令人感到異常灰暗。學校的停課令正常授課流程需要作出改變，同時學生的學習亦可能以新模式進行。停課不停學除了是學校人員推動的計劃外，實際上青少年本身亦會從環境和社會實況中啟動學習。

這段期間傳媒不遺餘力地報道本港、內地和海外各地疫情的發展，加上經常出現由醫生和防疫專家主持的記者答問會，他們從中接收到大量流行病學調研的訊息，尤其追蹤研究和憑蒐集到的蛛絲馬跡、重構傳染途徑的說明，基本上是活的科學。

疫情初發時政府對策或有不足處，結果惹來社會要求尊重科學家意見的聲音。從近來醫學專家講解病患情況、微生物專家和渠管工程人員闡述病毒傳播調研方式、流行病學教授建議阻截人流策略、病理學家和醫生製定用藥醫療方案等等狀況，其實正是反映出運用科學來解決困難的活生生例子。社會在嚴峻疫情中重新發現科學家的重要性，也再一次展現科學是值得尊重。

過去本地社會傾斜着重商業經濟和金融領域，因而促使升學失衡的出現，間接地令青少年規劃選科時忽略了數理科。今次疫情令社會有所轉向，學校教師亦可抓緊這個機會，重新燃點學生對數理科技學習的動機和堅持。

基礎教育中的數理板塊

數學科被視作主要科之一，但與語文科的課時相比，數學科獲分配的課時較少；但數學思考很依賴符號和嚴謹推理步驟，部分學童在處理這類抽象思維技巧上或需要較多的指導，統一授課可能對這部分學童是有不利的。

停課不停學除了是學校人員推動的計劃外，實際上青少年本身亦會從環境和社會實況中啟動學習。（Shutterstock）

至於科學教育情況更糟，本地小學課程中科學是被納入常識科內；換言之，很大機會擔任教導科學知識的教師本身未必掌握到較堅實的本科資歷。因此剛升上中學的學生在初入科學實驗室時往往表現很雀躍。然而中學的綜合科學科卻未能十分有效地俘擄到他們的求學心！箇中原因也很值得專門研究科學課程的學者和教育官員再三探索，及早從課程制訂和開發教學法方面找出改進之處。不過從課時分布上來看，科學教育所佔比例並不多；如何優化初中課程令學習對象被吸引到投入也許是必要跨越的一步。

較為令人憂慮的是，推行STEM教育似乎過分吸引了教與學的注意力，反而令傳統數理科學的教育被模糊化了。

2020年4月29日

泛政治化社會與基礎教育

嚴峻疫情持續一季，學校停課亦超過十周；社會上有人提問：學生在這個學年究竟學到些什麼？中小學遇上停課比大學及大學後的停課更糟糕，畢竟他們不如大學生般有較好的自學能力。

同一學年內遇上社運和抗疫，兩件事所衍生的問題早已超越它們本身，曾有論者歸因為泛政治化；其實輿論、意見領袖、政界人士在更早些時已有這種説法。半個世紀前香港被形容為經濟城市，彷彿完全沾不上政治似的。那些年，基礎教育的校園內亦不鼓勵老師講政治；不似現時動輒出現有中學生參與社運活動。

由港英殖民地過渡到社會主義轄下的一個特別行政區，期間又有中英談判，協商、設計未來體制；話説當年主觀是希望香港平穩少變，但事實真是大改變！回歸前後30多年來政治活動一波又一波，更影響到社會內每個個體。

社會風氣呈現泛政治化

雖然泛政治化這個字眼常被引用，多數人未必清楚其定義。網絡上的闡釋説「在非必要情況下，例如討論非政治學領域話題時卻牽扯到政治因素」，或者「政黨為了競爭而忽略社會和市民的利益，非理性地抵制他黨的政策或主張」等；社會出現這些情況時就是泛政治化了。亦有論者指那是「討論任何議題時都加上政治操作，採用鬥爭方式而非持平地尋找最佳解決方案的處事模式」。

這樣看來現時香港社會確似是泛政治化的。任何大小事情一經醞釀然後引爆，最後變成針鋒相對難以調和；結果各走極端，形成必然撕裂的情況。

參與政治活動，應是一種態度和行為的抉擇，價值上並沒有對錯之分。但活動本身是否違法、要承擔什麼後果，若這些不曾被考慮就決定，那就絕對有不妥。（亞新社）

本來現實是這樣也無不可，畢竟這是眾人的選擇。能夠挾持大量選票或依制度擁權的人指點天下，都是社會賦權的後果，你可奈何？大半年來更讓我們見識到全民投入政治爭拗的盛況。

我們有沒有為未來社會新一代，提供足夠的裝備和能力，來面對如斯社會狀況呢？

答案是「否」。

基礎教育脫節跟不上

社運事件導致大量學生牽涉其中，更包括了不少中學生，除被拘補、被判刑外，還有更多的參與違法暴力事件而未有處理。若這些涉案學生充分明白參與及爭取的目標，倒還可以視之為學運。但種種資訊和報道卻反證事實不是這樣。

參與政治活動，應是一種態度和行為的抉擇，價值上並沒有對錯之分。但活動本身是否違法、要承擔什麼後果，若這些不曾被考慮就決定，那就絕對有不妥。參與的中學生是否有能力去思辨、擁有足夠多和涉及面足夠廣闊的資訊、有否意識到後果的嚴重性？從媒體報道和法庭審判消息來看，似乎都是傾向否定，多數是在片面資訊驅動下而參與的，然後由個人承擔後果。

由此看來，我們當前的基礎教育是脫節的：無提供足夠的知識、技能讓他們可以全面思辨後才做決定。幾十年來本地基礎教育的設計，有這樣效果也是合理的。

從來在中小學內政治教育都是非顯性的，就算揹上黑鍋的通識教育都只是用了「社會參與」的説法。至於和政治教育關係密切的「公民教育」和已潰不成軍的「國民教育」，都是以課程文件形式存在。巨大學習壓力下這類滲透式課程有多大的影響力，你懂的！

學懂面對情緒化的社會

短期內基礎教育界實在需要認真思考，如何裝備學生去面對紛亂而又情緒化的社會現狀和未來可能的局面。由於不少操弄政治的政客官員和團體愛用政治戲法，諸如扣帽子、搬龍門、選擇性失憶、隨口噏當秘笈等等策略，因此首要的是培養學生有能力分辨事實與慌言。同時要有批判性思辨能力，也要懂得基於事實和證據來做到合理的判斷。

社會如何演變不是教育可以處理到的，但培養公民有能力不被瞞騙和愚弄，卻是任何社會的教育應有之義。

順帶一提，無論公民最後選擇了什麼立場、或其身處位置是什麼，基礎教育都有責任讓他們獲取上述的能力。

2020年3月25日

傳媒與教育互動的再思

擾攘多個月的本地亂局仍是現在進行式，當下社會政局不似有平息的跡象。亂象爆發以來，直播畫面、畫面上見到的黃背心身影，讓大眾想到傳媒。由於有政客官員指本地教育為代罪羔羊，於是傳媒、教育，和這次亂局總是被糾纏起來。兩者之間亦似有種微妙難解的張力。

容讓先行擔當一下文抄公。以下文字來自一篇20多年前的舊文章：「……有能力掌握訊息的人士、機構就有潛質對社會產生影響力。而且層面是多方面；例如生活形態、言語、文化、價值觀念、是非對錯等。……教育工作亦是一種傳播工作，不過那只可算是小眾傳播。」（註）撰寫那篇文章，也是回應當年傳媒與學校之間的問題；再讀這段文字，四分之一個世紀的時間並無構成阻隔，現時仍然合用。

傳媒影響力超越當年

所謂有能力掌握訊息的機構就是大眾傳媒，發展至今傳媒行業已不再只局限於紙媒和電台；爆發式湧現的社交媒體，各種提供直播的頻道，為人們傳送海量訊息。當年所提出的影響力早已超越當年，力度獲得井噴式的激增。每逢周末出現的公眾活動，聲稱無大台，靠的就是媒體平台上訊息的傳播；所以傳媒的影響力已達到塑造議題，帶領社運的層面。

回顧當年的提請，期望傳媒發揮功能，所指的是內容素質的管理；其時要求傳媒不要散布偏離道德架構的不良意識，呼籲必須反映不同層面的文化和價值觀和力圖保持中立。對比現況，各種傳播媒體和社會網絡平台上流轉的訊息，不只影響在學的青少年，不同階層的市民，甚至專業人士都輕易地受到影響，結集成為對立的雙方；結果促進了社會的撕裂。單純從社會現象的觀察來做評鑑，這種透過社交網絡平台傳播的新傳媒的影響力，已大大超越當年的想象。

其次是傳媒有否變質的問題，例如：可真是發掘事情背後的事實，而非憑部分來猜測全局？可有核實收到或發出的資料的真偽？時至今日，我們有時真是難以判斷假新聞的存在。

反思如何產生正向互動

香港人一直十分重視新聞自由、言論自由等權利，思考如何管制媒體應不是好的選項；反之，如何令受眾有能力處理接受到的海量訊息才是出路。

這樣子又走回頭路了。

我們的教育系統可曾培養下一代有能力從大量的資料中挑出有用的數據，把數據妥善地分析和處理，通過思考讓這些原料整合成為知識，甚至內化成為智慧？其實是有的，甚至冠上一個很不錯的名稱：高階思考能力、明辨是非能力。在通識教育科原初設定的課程宗旨內已有列明；可是，近來偏偏就多了人對通識教育科投出不信任的一票。

媒體令人們接收到大量的資訊，有真有假，甚至互相排斥的；傳媒的責任就是把資訊傳播。要教育和傳媒存有正向互動的話，教育就必須提升接收者的辨別是非能力，協助他們有更大的資訊處理能力，令他們培養出有效的高階思維能力。

傳媒的影響力已達到塑造議題、帶領社運的層面。（亞新社）

提升市民應對素質刻不容緩

現況或許正是反證過去一段時間的學生並未能從學校教育中獲取上述的種種能力。為了促使上述正向互動的出現，教育系統實在有責任重檢當中的不足。

除了正視通識科的教學外，她的考評模式也亟待改進，不放棄使用紙筆考試就是令該科教學過程出現異化的主因。再者，不重視歷史教育和輕視國際形勢，正正是建設傳媒和教育之間的正向互動的障礙。欠缺了這些，就導致市民難以建立充分的知識庫去做判斷和高階思考。

雖然難以確定什麼策略才可以提升市民應對傳媒送來海量資訊的難題，但邁出第一步刻不容緩。

註：〈請傳媒發揮教育功能〉。《明報》「讀者論壇」，1995年3月8日。

2019年11月13日

從中小學教師全面學位化講起

《施政報告》提出了中小學教師全面學位化的推行時間表，除初時獲得不少掌聲外，很快地就湧現出一大堆問題。全面學位化，表面看來是提升教師專業水平的良機；現實上已有不少教師通過進修或在入職前取得大學學位，只因無足夠學位教席容納他們而享受不到學位教師待遇，形成「不公平」的現象。全面學位化代表投入更多資源，化解現況中的困局。

除了「不公平」外其實還有不少其他問題。例如「同工同酬」的訴求，中學和小學的教師薪級表並不相同；但任教中學或小學的教師為何會有不同薪級表？難道是因為小學和中學的學位教師的工作性質有所不同？在小學界內學位教師向來是個晉升職位，若全面學位化後豈不是全是晉升後的教席？類似地，同樣擔任管理一間學校的任務，但中學校長和小學校長的職級和待遇卻相差很遠，是否有需要予以劃一？

全面學位化實行前引起的擾動

鑽深入一點看看，原來校長本身也分有幾個級別，而職級是與學校班數掛鉤的。問題是多少班的學校的管理與領導的任務，應該大致相若。以課程領導為主的職務和責任，更不會因相差幾班或十幾班而有顯著不同。除了校長職級外，其他管理層級如主任、副校長都遇上相似的疑難。

過去學校管理要求比較簡單，那時亦未有校本的概念；因教育改革和校本管理政策相繼出台，令舊有的設計遠遠未能切合當前的情況。上述的一大堆問題就藉着全面學位化討論而引爆出來，實在不容易解決，尤其這裏涉及到公共資源的投入。一般非業界的社會人士多數以為學校職級不外乎是教師、主任、校長，相信都搞不懂為何會有上述的錯綜複雜的纏繞。

希望「全面學位化」不會又是「好事變壞事」的例子。

針對問題的一個想法雛型

這裏提出一個未考慮資源投放的想法。學校教席的層級應該配合學校的運作，即兼顧學校管理和教學領導兩大類別的任務。在管理範疇可沿用目前的方法，讓兼負行政職務的教師成為高階的管理行政職系，負責學校全校性的管理工作，他們需要擁有全校性管理、跨科組的視野和知識，即主任、副校長等職級。至於這個團隊的組成及劃分，或需要業界仔細商議協定。

至於領導學科教學的崗位可由學科內老師輪任，上崗的科主任可得額外的科組領導津貼，這份津貼應跟崗位走；輪任機制由學校與學科以校本形式制定（例如以能力、年資等條件而定）。

教師的薪酬計算都會考慮年資和學歷，過去以有無學位來劃分，全面學位化後應有新的劃分方法。目前的教師薪級表實在太長，應把它拆分為幾個職級：初級教師、資深教師（超過某個年資或獲取某些專業表現獎項）、高級教師（擁有高級學位或多於一種專業文憑）。每個職級保留若干個年資積點，職級之間的跳升屬於晉升。凡獲分派學科領導的老師，除原來的薪酬外還應疊加上學科領導津貼。

兩種制度之間的協調細節或有待仔細考慮，透過薪級設計令不同制度的高級教席的薪酬大致相若。例如資深老師的薪級表後半段或高級教師薪級表，在加上學科領導津貼後應大概等同主任或以上職級的水平。但行政職系的主任或副校長，如兼任教學領導任務，則不可領取領導津貼。

投放資源仍有待認真細緻考量

如此設計仍有不少考慮有待發展，本文篇幅無足夠空間再加探討。重點是不論中學或小學的教師薪酬均使用「單一」薪級架構，而且職級設計可反映不同崗位和責任的輕重；但需要突出學科領導的重要性。至於投入資源的計算，需與原有模式相若並有過渡安排的考量，則有待專家研究。

同樣思路亦可用於校長職級的設計，中小學或班數目等因素可以是調節考量，但薪酬的最大板塊應反映領導學校課程和發展學校的責任和重要性。畢竟這是關係到本地教育質量和人才競爭力未來持續發展的規劃。

2019年2月13日

鄧兆鴻，退休小學校長。香港中文大學教育學士、碩士。1971年入職，1985年任校長至2005年退休。香港中文大學、香港浸會大學、香港教育大學兼任講師，教授課程包括：學校行政、課程發展及管理、擬任校長培訓課程、中層管理人員行政課程、訓導及輔導人員培訓課程等。研究興趣包括教師教育、學校行政及發展、學生輔導工作、素質保證等。教育評議會創會會員、執行委員；香港初等教育研究學會創會主席。曾任香港教育研究學會周年研討會籌備委員會委員、香港教育行政學會執行委員、香港資助小學校長會理事兼教育政策委員會主任、教育人員專業操守議會第五，六屆委員等。退休後頗沉迷於中國文化藝術活動。

一段歷史 寫在六四30周年

1978年中共十二屆三中全會上，鄧小平有計劃地推行以經濟建設為中心的國策，並開始建設經濟特區，聲言讓一小撮人先富起來；另一方面以「實踐是檢驗真理的唯一標準」否定了毛澤東的以「階級鬥爭」為綱的把「政治路線上最根本的撥亂反正」，提出解放思想，實事求是。1980年胡耀邦、趙紫陽進入中共中央政治局，趙紫陽出任務院總理，1981年十一屆六中全會胡耀邦當了中共中央主席，但以黨治國的最高領導仍是鄧小平和與他旗鼓相當、低調而保守的陳雲，其他開國元老還有李先念、葉劍英、楊尚昆、萬里、薄一波、張愛萍等老人。這些共產黨元老，在「鬥爭」中成長，各人都有自己的一套治國理念，雖然時有鬥爭，但威脅到共產黨的領導地位時，鄧、陳便能放下歧見，共同解決危機，領導策略也在兩股勢力中徘徊發展。

政策改變的觸礁

改革開放之初，鄧小平在1980年8月的中央政治局擴大會議上發表《黨和國家領導的改革》講話中指出黨內濫權、僵化、枉法、貪贓、脱離實際及群眾、不知變通……強調「黨政分開」，並對民主表達了積極的評價。這給國人民主的新希望，但在黨員的濫權習性下，1986年因違法干涉基層民主選舉而引致安徽省數千學生上街遊行，更引發持續了27天的「要民主，要自由，要人權，反官倒，反腐敗」全國民主學潮。1987年初，時任最高領導職位——黨總書記、鄧小平親信的胡耀邦被指認同學生運動、縱容「資產階級自由化」，在壓力下辭去黨總書記的職務，由鄧的另一親信趙紫陽接替。鄧在妥協下，由周恩來的義子、保守派的李鵬接任為國務院總理。八六學潮被定性為動亂，這次運動拉下了方勵之、王若望、劉賓雁等學者，也觸動了黨內元老的神經。

學生運動的緣起

「以經濟建設為中心」是黨內的共識，在「指導性計劃」與「指示性計劃」的爭議下，從1981到87年經濟都在拉拉扯扯中發展，1988年鄧小平決定取消大量價格管制，但在政治腐敗影響下引致通貨膨脹，富起來的「一小撮」多是「太子黨」的人，胡耀邦雖曾打下幾個太子黨人，但政府的經濟整頓計劃並未能收到實際實效，「官倒」的腐敗行為更引起社會更廣泛的憤怒。1989年4月，胡耀邦因病去世，17日

六四的真相早已深藏大多數的民眾心中，尚要的是正式的平反與交代，還死者一個公道。（六四紀念館Facebook）

北京學生到天安門廣場在人民紀念碑前進行悼念活動，而在各大學更出現要求政府從新審視胡耀邦的政治改革觀點，要求還胡耀邦一個公道，這正是要鄧小平承認是他錯誤的決定，是鄧不能接受的。其後學生連日聚在人民大會堂東門公開討論胡的觀點及社會現況問題，來自不同背景的講者公開演説，但警方以阻礙人民大會堂的運作而與學生發生衝突。北大與清華學生很快到天安門聚集支援，聚會漸變為示威，數千學生到中南海要求與領導人對話。20日警方暴力驅散中南海靜坐的學生，這激發更多的學生聚集到天安門去，也引動全國不同省市的抗議行動。22日國家領導人在人民大會堂為胡耀邦舉行葬禮，學生要求提交請願書不果，便開始成立真正的活動組織以期向中央施壓。同日晚上，長沙及西安爆發暴亂事故，但都被壓了下去。23日趙紫陽出訪朝鮮，李鵬代理領導黨政運作，並在26日按政治局常委會決定在《人民日報》頭版發表四二六社論，將學生運動定性為反革命動亂，這更引起學生的不滿。27日發動大規模的遊行，這次遊行逼使政府同意與學生代表會面，但學生代表等因不滿安排拒絕出席。

改革派的失落

30日趙紫陽結束訪問回國，並在5月3日及4日發表兩次同情示威群眾的演講，這些發言一定程度上否定了《人民日報》四二六的社論內容，也可説是否定元老們的決定。5月16日蘇共總書記戈爾巴喬夫訪問中國，這是中、蘇決裂30年後第一位訪問中國的蘇聯領袖，趙、戈會談時，趙指出鄧小平仍是「至關重要的」掌舵人，鄧小平認為趙紫陽是要把學生運動責任歸咎於他。趙也知道他在元老的眼中是不能團結的同志，19日到天安門看望學生便是他在政治舞台的最後露面，他下台後一直被軟禁，2005年去世，至今仍未能得到應有的評價。上海市長江澤民因為處理上海學運而得到賞識，由李先念提名、陳雲推薦，鄧小平因胡、趙下馬只得妥協同意由江出任中共中央總書記，江成為新的接班人。

天安門的撤離

5月20日中央宣布戒嚴，並從五大軍區調動30師近25萬解放軍在北京部署，但解放軍

遭到北京民眾的包圍，使部隊困在郊區，未能迅速在市內部署。這時在天安門聚集的學生組織不斷組成，也各有不同的意見，學生領袖的封從德在2014年7月的一篇回憶文章〈八九學運為何未能撤離廣場？〉（註1）中指出「廣場上的組織自然分裂成好幾塊，相互抵銷，一盤散沙，就更難有所作為。」根據封的文章，學生們議決了在5月30日撤出廣場，首都各界聯席會議則堅持待到6月20日人大開會後再決定，但廣場指揮部的李錄卻未有認同任何撤離方案。6月3日軍方向天安門推進，在直升機支援下，學生開始撤離廣場，到6月4日早上6時，天安門已完全掌握在解放軍手中，51天的學生運動結束。

鮑彤在2019年5月的BBC訪問中指出（註2）「唯恐天下不亂的不是學生，是鄧小平。他要亂，才能至少在他在世時根除黨內赫魯曉夫的可能性。」「誰只要平反『六四』，誰就能得民心，誰就超過了鄧小平，也超過了毛澤東，就可以得到人民的信任。」

六四的真相早已深藏大多數的民眾心中，尚要的是正式的平反與交代，還死者一個公道。

註1：〈八九學運為何未能撤離廣場？〉，《開放雜誌》

註2：鮑彤在2019年5月的BBC訪問

2019年6月4日

如今常存的有信、有望、有愛

作為學校，教育學生是學校最主要及當然的工作。教育的核心價值是什麼？在芬蘭，教育的最終目標，是培養學生成為一個文化人，不只是在數學、科學方面有能力，在人格、文化、生命等各個面向也要均衡。英國前教育大臣莫麗琪（Nicky Morgan）2015年於Politeia論壇發表演講時提出教育的核心價值是：民主、法治、個人自由，以及與持不同信仰和信念的人們（包括無信仰人士）之間的相互尊重和寬容。台灣僑光科技大學教授兼學務長翁志宗教授在《教育核心價值實踐之研究》一書提出：「全球教育的核心價值，則包括和平、人權、公平正義、國際倫理、相互依賴等，培養尊重文化差異的世界公民。」香港天主教會的教育五個核心價值是：真理、義德、愛德、生命和家庭。香港聖公會的教育核心價值有15項，論及宗教及教育的較多，在行為準則方面則有：肯定及尊重個人的誠信、強調個人責任及尊重他人及促進社會公義感。

信

筆者未能把世界各地的國家或國家的教育價值觀全都找來，但如何把一些價值觀落實在我們的教育體系中，是作為教育工作者應該深思的。作為一個組織，持份者的共識與合作是推動組織成功的一個必要元素。學校是一個組織，組織內的持份者主要是學校管理者、教師、家長和學生。學生是教育的對象，是通過校內其他持份者的共識與合作，學生才能在有序的學習階梯上前進，才能按着組織的既定計劃構建成為具有公民素質的良好公民。

組織內一定有不同的意見，但作為組織的一分子，應該循組織的既定方向盡個人的責任，應該按着組織認同的目標並推行所定下的策略，個人的意見或許與組織的意見南轅北轍，但亦應以組織的決定為大前提，放下個人的堅持。組織內不同意見的理順，是組織領導要面對的工作，如何令組織內不同持份者認同，如何令組織內不同持份者理解組織的發展需要及發展方向，是組織能達到既定目標的重要因素。

組織如此，社會如此，國家如此。

望

當前香港社會的動盪，是領導層對香港社會發展方向的分歧所導致，一國兩制是否都為領導者所認同是其中的關鍵。2004年6月7日由42個不同專業、學術界人士在報章聯署《香港核心價值宣言》提出香港的核心價值是「自由民主、人權法治、公平公義、和平仁愛、誠信透明、多元包容、尊重個人和恪守專業」。作為政府的領導者，能否梳理不同的意見，以公平公義去理順各方的矛盾，要有誠信透明。作為議員，他的工作應是為香港大眾市民謀求最大的福祉，議員不應只向他的選民交代，他應向全港的市民負責，所作的決定應多元包容、恪守專業。社會的其他持份者應以香港的未來發展作為監察政府運作的原則，對政府所推行的政策，要能提出可行的修訂，不宜全盤的否定。作為市民的，雖然人微言輕，但亦有個人發表意見的權利，但有人權，亦要守法，尊重他人。

愛

我們信的是什麼？若信的是真理，那就要能辨別善惡和真偽，真理要求人説真話。我們信人權、公平，就要尊重他人的權利，要建立和諧及平等的人際關係，重視個人和社會整體的利益。我們希望各人都要尊重每一個個體生命，才能得見人類整體的快樂和幸福。我們當中才有真愛。我們的信驅使我們的行為，若我們所信與社會大眾所期盼的不同，我們所望的也會偏離正道，我們所愛的便成了虛話。

法國革命家羅蘭夫人曾説：「自由，自由，多少的罪惡假汝之名而行。」你信的是什麼，所望的是什麼，所愛的也是什麼！

愛是恒久忍耐；又有恩慈；愛是不嫉妒；愛是不自誇，不張狂，不做害羞的事，不求自己的益處，不輕易發怒，不計算人的惡，不喜歡不義，只喜歡真理。（〈哥林多前書〉13章4-6節）

你會愛嗎？

2019年10月15日

作者簡介

黃家樑，教育評議會前副主席、中學通識教育科和中國歷史科教師、第三屆行政長官卓越教學獎得獎者、香港通識教育會副會長、普及國史教育關注組召集人。擁有多年教授通識科及中國歷史科經驗，經常在報刊上分享香港史、歷史教學及通識科教學心得，評論教育政策，並主講有關香港歷史、通識教育、公民教育和中史教學研討會。著有通識教育、香港史、中國歷史、中文教學書籍及教材數十種，包括《香港古跡考察指南》、《簡明香港歷史》、《漫談香港史》、《舊香港》、《香港倒後鏡》、《藏在古跡裏的香港》、《如何教好通識科》、《通識應試攻略》等。

電子學習會取代真實課堂嗎？

因應肺炎疫情，教育局宣布學校停課，至今已長達兩個多月，各中小學的電子學習亦全面鋪開，不少教師要將平日的教材整理和重新包裝，變身為YouTuber，拍攝網上教學片段；或是使用各種教學平台，直接進行即時網上視像教學；又或是進行不同類型的網上測驗和功課，要求同學提交網上習作。就筆者在教育現場所見，香港教育界電子學習已經歷了一次「大躍進」，絕大部分的學校和老師已順利開展網上教學，學習進度基本上跟正常課堂相差無幾，教學質量亦有相當不錯。於是，不少人就會提出疑問，長此下去電子學習會取代真實課堂嗎？網上學習會否令學校關門大吉？老師又會否因此而失業呢？

事實上，如果網上視像教學推展順利，理論上每一級的不同科目，以致不同科目內的每一個課題，都可以由教育局安排，邀請該科的卓越教師拍攝教學片段，又或是學校之間組成學習社群，由不同老師發揮其強項，製作相關的教學短片。於是，學生可以不必回到學校，透過觀看片段而自學，教學素質亦有相當保障。這些課堂特別適用於單向的傳授型學習，用於講授基礎知識和理論尤其合適。如果學生一時間未明白教學內容，可以再三重看，逐步加深了解，藉以處理傳統課室中學習差異的問題。

如果想加強師生互動，或加入答問環節，可以安排和組織不同的老師在指定時間網上直播教學，學生自行上網加入相關網上教室。這樣的學習模式對自學能力強、社經地位高、處於高年級的學生相信會有一定效益，而同學更可因應自己的能力、興趣、進度而調整學習節奏，選擇自己所需的學習內容和份量。另一方面，不同學生有不同的學習風格，但在以往學習模式中只能跟從一位老師學習，而在網上教學的環境下，他們就可以自行選擇適合自己的教師，學習效能亦會有所提升。再者，在網上學習之下，學習者可以擴闊學習同儕的圈子，跟不同學校，甚至不同地區的同學一起學習，以收互相促進，增廣見聞之效。簡而言之，網上視像教學發展下去，其潛力驚人，更會顛覆傳統的學習模式和學習制度。

單純的知識傳授者，沒有「傳道、授業、解惑」的教學使命

然而，電子學習會取代真實課堂，引致學校關門和老師失業嗎？正如一些大型連鎖補習社，其補習天皇的課堂亦有真人面對面講解（師生共處同一場地）和觀看電視直播（師生分處不同場地）兩種，後者其實接近今日我們正施行電子教學的拍攝教學片段和網上直播。由此可見，在這些補習社內，電子學習已經某程度取代真實課堂，並為學生和家長接受。究其關鍵，主要有三：第一，學生是付費出席，學習動機極強，在無人監管下仍盡力聽講。第二，學生追求的是應試策略和知識講解，而非要得到什麼人生啟迪或情感支援等非知識元素。第三，學生只期望單向式講解，學習過程中不必師生互動，也不想同學之間有任何互動。由此可見，如果教師將自己定位為一部教書機器，在課堂上單向式和機械式的講授，過程中是照本宣科式的依書直說，試問跟看教學片後有何分別呢？這樣的教師被取代，恐怕也不是沒有可能？如果教師沒有專業的素質，在教學過程中辨識不同班別和學生的學生風格，找出其學習難點，再因應學生的能力和性格因材施教，而是千篇一律，照本宣科，這樣的教師被取代，恐怕又不是沒有可能？

再者，如果教師將自己的工作定位為「教書」，是單純的知識傳授者，沒有「傳道、授業、解惑」的教學使命，沒有想過以生命影響生命，沒有意圖透過師生的相處和互動，藉着建立彼此的關係，達到以身作則、身教言傳、啟迪學子等目標，這樣的課堂又何須面對面進行？這類課堂被網上直播所取代也不是沒有可能？又如果學校將自己的工作定位為「知識工廠」，只重學術成績而忽視全人發展，兩耳不聞身外事，一心只讀聖賢書，以致學生在學校未能學到人際相處、社交技巧、領導才能、情緒管理、人生規劃、多元興趣等，那麼留在家中看教學片段而回到學校，學生又會有什麼損失呢？

要言之，電子學習會取代真實課堂嗎？筆者以為只會在小程度上取代，或只可作為正

在動機低的學生眼中，電子學習更可能成為逃避學習的機會。（Shutterstock）

規學校課堂的補充，而且主要適用於學習能力高和主動性強的學生。年級愈高的可行性愈大，愈是單向式的知識講授就愈適合，愈是結構性強的課題就愈適合。反之，在低年級推行，恐怕只會苦了家長；在動機低的學生眼中，電子學習更可能成為逃避學習的機會；在艱深和爭議性的課題中，電子學習發揮的作用亦有局限。至於老師和學校的工作，應該從加強師生互動、注意照顧學習差異、留心針對式和支援式學習、重視品德情意教育、優化全人發展教學等方面入手，否則老師和學校在未來的某一天被電子教學或者智能機械人取代，亦不足為奇。

2020年4月 6日

香港教育制度失效 須加強價值教育

最近幾個月發生的政治社會爭拗，以及連串示威浪潮，當中涉及不少違法和暴力行為，而被捕者當中部分是大專生和中學生，令社會人士不禁質疑香港教育制度失效，當中又認為價值教育出現的問題最大。

價值教育培養新一代的價值觀、人生觀、是非觀，這些都是衡量是非對錯的重要標準，是建構社會核心價值的重要元素。昔日社會比較純樸，父母在生活中都會為子女灌輸是非觀念，家庭較重視傳承中國傳統觀念和美德，而大眾傳媒相對今天的而言較為「正派」，文人辦報的傳統仍在，不少電影都有社會教化意義，角色忠奸分明，是非觀念一清二楚，在這樣社會環境下成長，正確的人生觀和價值觀自必較容易建立。至於教育系統方面，當年的教師有部分來自內地，重視傳統的道德教育，而本地成長的教師亦多帶有知識分子的使命感，以傳道、授業、解惑為志，價值教育滲透在課堂教學和校園生活中，有序施行。

價值教育漸漸被人冷落

然而，踏入九十年代以來，本港價值教育漸漸被人冷落，關鍵之一是教育制度以應試為本，以分數和成績掛帥，小學畢業生的派位結果、中學的收生組別、各大小公開考試的成績，決定了社會大眾對一間學校的評價，學校自然集中操練應試，價值教育漸漸被邊緣化，什麼公民教育、生命教育、道德教育多是聊備一格，可有可無。普遍學校已淪為知識工廠，大模規產出接受學術訓練的學子，較少重視承傳、捍衛和實踐一些人類社會的價值。至於大學教育，更是風氣大變，學生意見用來評鑑講師教授的表現，講師教授又要忙於做研究和寫論文，爭取研究撥款；用來評鑑一所大學價值的指標，變成了世界大學排名、收生成績、取錄尖子數目、畢業生出路和收入、每年獲得捐款數額等。高等學府以商業機構的理念運作，價值教育又置於何地？

基礎教育方面，在教育改革推行以來，加上縮班殺校之風因適齡入學人口下降而出現，中小學老師都忙於補課測考，舉辦各式課後學習班；或致力於舉辦能吸引家長注

在學校、社會、家庭教育均有紕漏的情況下，價值觀的教育自然舉步維艱。（亞新社）

意的活動，以作宣傳之用，價值教育自然進一步弱化。更甚者，這時期推行之教育改革，以西方建構主義的教育觀為基礎，將大學教育中學化，流行「價值相對論」，一切是非對錯沒有標準，又或是觀點與角度問題而已。教師角色則是學習的促進者，不應干預學子的獨立思考，「價值中立論」盛極一時，傳道、授業、解惑的角色難以發揮，教授共通能力和思考方法反而更為「重要」，一些社會的核心價值和普世認同的倫理道德觀念自然得不到重視。

功利主義風氣盛行

適值這段時期，「贏在起跑線」的學風湧現，功利主義風氣盛行，家長多重視子女的成績，或大量報讀和參與有助升學面試的課外活動，家庭教育的方向變質，無復上一代重視人情世故、待人接物之道和中華傳統美德。更甚者，家長更會干預學校，為子女出頭，部分學校息事寧人，自然難以家校合作做好培養學生某些德性和品格的工作。至於大眾傳媒方面，從九十年代的「腥色」煽起，傳媒操守已有劣質化之勢；時至今日，社交媒體盛行，人人可以做記者，個個可以當評論員，新聞真假難辨，粗言穢語充斥，中立客觀的評論被邊緣化，優質的新聞報道如鳳毛麟角。在學校、社會、家庭教育均有紕漏的情況下，價值觀的教育自然舉步維艱。

要言之，當前價值教育失效的事實不容否認，但將它完全歸咎於學校教育也不合理。不過，作為價值觀念的最後防線，在社會教育和家庭教育普遍失效的今天，教育工作者實在責無旁貸。教育當局有必要重新審視價值教育的現況，在科目滲透、獨立成科、聯課活動等方面下工夫。當然教育局亦要鄭重確立價值教育的重要性，確立中小學不同階段須教授的價值觀念，並重點針對傳媒教育、法治教育、權責觀念、中華傳統文化等項目，設計課程及提供教材，然後透過外評和視學向學校回饋意見，令價值教育的施行得以優化。

2019年10月23日

作者簡介

楊佩珊，教育博士（教育管理）、香港大學理學士（數學），香港城市大學計算機科學碩士。早年主要執教電腦及數學科，並推動資訊科技發展及升學就業輔導等工作。現為仁濟醫院羅陳楚思中學校長。曾任知識產權處學習軟件管理委員及製作委員，聯校資訊科技學會司庫、教育局課程發展處中學電腦科教科書評審委員、優質教育基金計劃評審員、初中數學多元練習作者、《香港中學會考資訊科技科教材套件》作者及中學電腦科教科書作者。現為教育大學學校領導課程及擬任校長課程導師、學校領導課程同學會執委、教育評議會執委、優質教育基金計劃推廣及宣傳委員會委員。

七習慣與成功的學習生活 ——
主動積極、以終為始、要事第一

《高效人士的七個習慣》（*The seven habits of highly effective people*）是美國企業界和政府管理部門追捧的一本書籍。香港也有不少企業以此作為管理人員培訓課程的藍本。如何應用這七個習慣以提升同學學習生活的效能，使同學走上成功之路？七習慣的首三個習慣是在培養學生的個人成功，筆者常與學生説笑能養成首三個習慣的同學，大多是老師與家長心目中的好學生。首三個習慣分別為習慣一：主動積極；習慣二：以終為始；習慣三：要事第一。

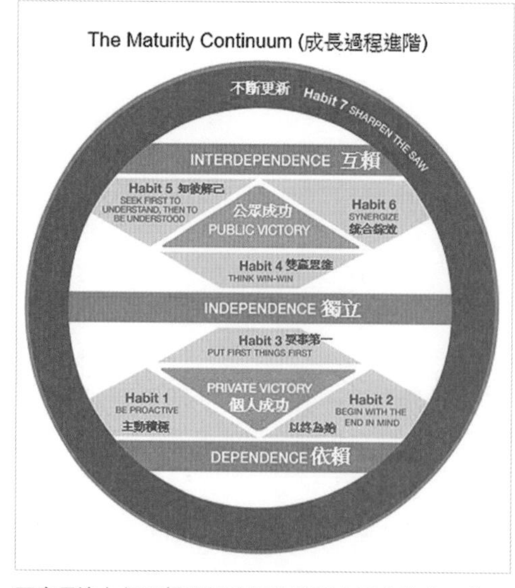

可應用這七個習慣以提升同學學習生活的效能，使同學走上成功之路。（作者提供）

主動積極

習慣一蘊含一個主要概念就是情緒的管理，當中以搖動汽水瓶作比喻，搖動後的汽水瓶是一個刺激，當我們即時開啟汽水瓶回應刺激，汽水必會四濺。但若我們選擇先停一停，讓我們的自我認知、想像力、良知和個人意志協助我們作出選擇，才作出回應，情況便會完全不一樣，主動積極的人有選擇的自由，不由情緒主導選擇，並會對自己的行為負責。舉一例子：同學測驗前夕遇上朋友邀約去玩，其實可先停一停，想一想有什麼影響，思考學習與玩樂之間的重要性，才作出回應及選擇。

減低花在處理危機和應付他人要求的時間，不讓自己每天忙忙碌碌。在時間更充裕下，工作及學習的計劃性增強。（Shutterstock）

此外，習慣一中也提及到關切圈及影響圈的概念，在我們日常的生活中，有很多事情是在我們的關切圈內，卻不在我們的影響圈內，我們能控制的是影響圈內的事情，主動積極的人會把重點放在影響圈內，在影響圈內做事；被動消極的人只會在關切圈抱怨。實踐習慣一時不但自身要主動積極，同時更要運用主動積極的態度去影響別人，把影響圈會擴大。

以終為始

習慣二的概念是為自己訂立人生的目標，為自己不同的角色建立目標及藍圖。同學可透過寫下自己的「人生使命宣言」來訂立人生藍圖。首先要確立「什麼是自己生活的重心」，我們會因為自己的重心而作出不同的行動。例如：測驗前夕遇上朋友邀約去玩，以家庭為重心的，可能考慮父母的期望而拒絕；以學業為重心的，也可能會拒；但以朋友為重心的，則會接受；每個人的生活重心都有不同，但正確的生活重心，必須以「原則」為基礎。所謂原則，就是一些永恒不變的價值觀，例如公正、誠實等等。在緊守原則的基礎，才能保持客觀態度，從整體的角度考量，做出主動、不會後悔的正確抉擇，實踐第一個習慣。確立了人生重心後，就要按重心找出自己前進的方向和人生使命。筆者會將自己的「人生使命宣言」放在案頭，時刻提醒自己人生的目標及方向。

要事第一

習慣三是一個時間管理的好習慣，當中的時間管理矩陣概念最為重要。時間管理矩陣將事情分為四個象限：

第一象限：緊急且重要（必要的事），例：明天繳交的功課；

第二象限：不緊急且重要（有效能的事），例：溫習下周的測驗；

第三象限：緊急但不重要（分心的事），例：追劇集的大結局；

第四象限：不緊急且不重要（浪費時間的事），例：打機。

要提升學習效能，同學首先應減少花在第四象限的時間，並多花時間先完成第二象限的事情上，當我們多花時間在第二象限的事情上，第一象限的事情就會自然減少，減低花在處理危機和應付他人要求的時間，不讓自己每天忙忙碌碌。在時間更充裕下，工作及學習的計劃性增強，壓力隨之減少，效能就自然提升。同學嘗試每周做計劃，不忘自己的個人使命，要達至生活與學習平衡，那就能朝成功邁向一大步。

只要同學們能好好實踐習慣一至習慣三，便能以正面且積極主動的態度，為自己定立人生目標及使命，透過好好管理及規劃自己的生活，達成自己的個人使命，邁向成功的個人成長。

七習慣與成功的學習生活之一

2019年12月9日

七習慣與成功的學習生活——雙贏思維、知彼解己、綜合統效、不斷更新

能培養《高效人士的七個習慣》（*The seven habits of highly effective people*）中的首三個習慣：主動積極、以終為始及要事第一，便能邁向個人的成功。隨着同學的成長，同學在高中的年代都有很多機會成為學生領袖。要成為一個成功的領袖，就要懂得如何使團隊成功。七習慣中的習慣四：雙贏思維；習慣五：知彼解己，以及習慣六：綜合統效，正好是使團隊的成功的重要習慣。

雙贏思維

習慣四雙贏思維是成功領袖在處事上必有的態度，雙贏的理念並非損人利己，即「贏輸」；也非損己利人，即「輸贏」。同學無論在進行分組活動、小組專題習作、班會或學會幹事的工作時，總會遇上不同的意見，若只是心存「贏輸」或「輸贏」的心態，團隊往往不能發揮最大的效能。要達至雙贏的局面，我們要心存互敬互惠的態度，要以互賴式的角度，即以「我們」而非「我」為中心來思考問題。抱着以終為始的精神一同解決問題，明白大家不是你死我活的敵對競爭者，而是一同努力創建成功的伙伴，這才能使團隊成功。

知彼解己

要達至雙贏的局面，有效的溝通是重要的一環，而習慣五知彼解己便是實踐雙贏的技巧。當團隊面對意見不同的時間，同學要利用同理心傾聽。聆聽的過程緊記是為了解而傾聽，而非為回應而傾聽，要嘗試設身處地、耐心和專注地傾聽，關注對方的説話內容和背後的感覺，把對方的想法和感覺重新整理後，用自己的語言表達，當對方感

受到被聆聽和了解後，便會覺得受到尊重和認同，進而卸下防衛，坦誠而談，這時才是展開意見交流，達至雙贏的好時機。

綜合統效

習慣六綜合統效正是雙贏思維及知彼解己實踐下的結果。每個人都有個人的優點及獨特的能力，個人的力量是統合綜效的基礎，要使團隊獲得1+1>2的成效，我們要放下敵對的態度（1+1<2），也不以妥協為目標（1+1=<2），亦不只期望限於合作（1+1=2）。我們要持雙贏思維的態度，再透過知彼解己的有效溝通技巧，以同理心聆聽溝通，達至尊重彼此的不同，再進一步互相認同及欣賞對方的能力，從而集合大家智慧思考，便能創造非按照我也非遵循你的第三種選擇方案。

不斷更新

習慣一至習慣三能讓我們從依賴期步入獨立期，而習慣四至習慣六能幫助我們由個人成功邁向團隊成功。哪第七個習慣不斷更新又有何用呢？不斷更新是七習慣裏最後的一個習慣，是讓我們在四個生活層面中不斷更新自己，提升其他六個習慣的實踐效率。該四個層面分別是生理、社會情感、心智及心靈。在生理方面，我們可以透過運動、休息、壓力管理及有營養的飲食來更新自己。在社會情感方面，我們可以透過多聯繫朋友及家人，建立互助互愛的關係來更新自己。在智能方面，我們可以多學習、閱讀、寫作或創作來更新自己。而最後我們可以透過多接觸大自然、音樂與藝術及義工服務等更新我們的心靈。四方面的更新都要均衡，緊記無論工作與學習有多繁忙，我們都不要忽略照顧自己，要好好照顧自己的身體及精神狀態，不要視這些自我更新的工作為浪費時間，「更新是為了行更遠的路」，也是讓你邁向成功的基石。

七習慣與成功的學習生活之二

2020年1月13日

要達至雙贏的局面，有效的溝通是重要的一環，知彼解己便是實踐雙贏的技巧。（Shutterstock）

作者簡介

周慧儀，主修翻譯及傳譯、中國語文及文化，香港中文大學教育碩士以「院長榮譽錄」畢業，國學藝術節及徵文比賽屢獲「最佳教師指導獎」。學習友坊教育顧問中心創辦人兼校長，香港教育大學宗教教育與心靈教育中心名譽專業顧問，香港中文大學校友校長會成員，教育評議會執委，香港兒童基金會名譽顧問，師資培訓和家長教育講師，語文資優課程顧問，及國內城際和本港校際的閱讀、寫作、講故事比賽，深圳年度十大好書等評審和香港區代表。曾應邀參與香港課程及考評改革小組會議，與香港大學及香港教育大學協辦閱讀教育研討會。三本結集書《校長也上課》作者。《知識雜誌》專欄作家，教育文章見《大公報》、《明報》、《經濟日報》、《教師中心傳真》和《教育現場》。

品讀國學經典讓人看通世情

香港社會亂局現況

香港現時還算是一個繁榮安全的國際大都會嗎？此時，此地，香港陷於黃藍撕裂的困局，令人迷惘、憂心、憤慨和悲痛。

在反對修訂《逃犯修例》這場社會運動中，多數抗議的市民都是和平、克制、理性地表達、討論與溝通的，市民期望其訴求心意可以明確地讓為政者看得清，摸得透，期待為政者能用心以誠來關心、聆聽他們，並以實際的行動來回應市民，解決民生、經濟等根本問題。

不過，另一群心存歪念歪理或對世情一知半解的人，在無知無理、缺德缺智中，常常粗言妄語，集體唱粗口歌，詛咒別人，欺凌別人，造謠生事，顛倒是非黑白，指鹿為馬，擾亂社會民生秩序！

更甚者，有暴徒更以「違法達義」的藉口公然藐視香港的法治制度，大肆衝擊立法會大樓、政府總部、中聯辦、多區警署、多個港鐵站和商場，他們又破壞公物，亂打亂砸，投擲汽油彈，搶警棍和警槍，四處縱火，焚燒國旗，污衊國徽，甚至把國家主席的容貌製成數千張的文宣海報張貼在行人路上，明目張膽地侮辱和挑戰國家主權和法治精神！還有，有些人，仿如恐怖分子，為了排除異己而私刑毆打傷人至重傷，場面殘暴駭人、暴戾之極！對此種種惡行，我們必須予以最嚴厲的譴責和糾正，並全力支持以公平、公正來執法，止暴制亂！

看着那些邪念惡行竟在一個文明的社會中屢次發生了，且有增無減，更愈加激烈。這樣的香港，是我們熟悉的香港嗎？唇亡齒寒，我們必須打破沉默！那些不尊重人、不尊重法紀、反智、反國家、反民族的暴亂，絕對是天理不容！

以國學經典來鑄造自身修養

一個有修養、有教養的人總能：

1）明確、敏捷而有禮貌地運用說話或文字來與別人溝通交流；

2）獨立思考、自發研究和勇於探求真相，能是其是，非其非；

3）對自然、歷史、文學、藝術有一定常識，喜選擇優雅人生；

4）對別人，經常保持善意、誠意、包容、互助合作等態度；

5）在其興趣上顯露出深度，他會為美善的目標而力爭上游。

品讀國學經典經、史、子、集

那麼，在中國國學經典中，究竟哪些部分可鑄造人們自身的修養、教養，以及可對未來社會的和諧發展作出貢獻？此時，就讓我們從國學經典中，領略其風采神韻，瞭解中華民族的智慧精髓，並提升自我涵養，以古為今用，立志當一群能展現人文精神的文明人、文化人吧！

煌煌五千年悠久的中華民族，積累了華彩絢麗的文化典籍，古籍分類為經、史、子、集四部。

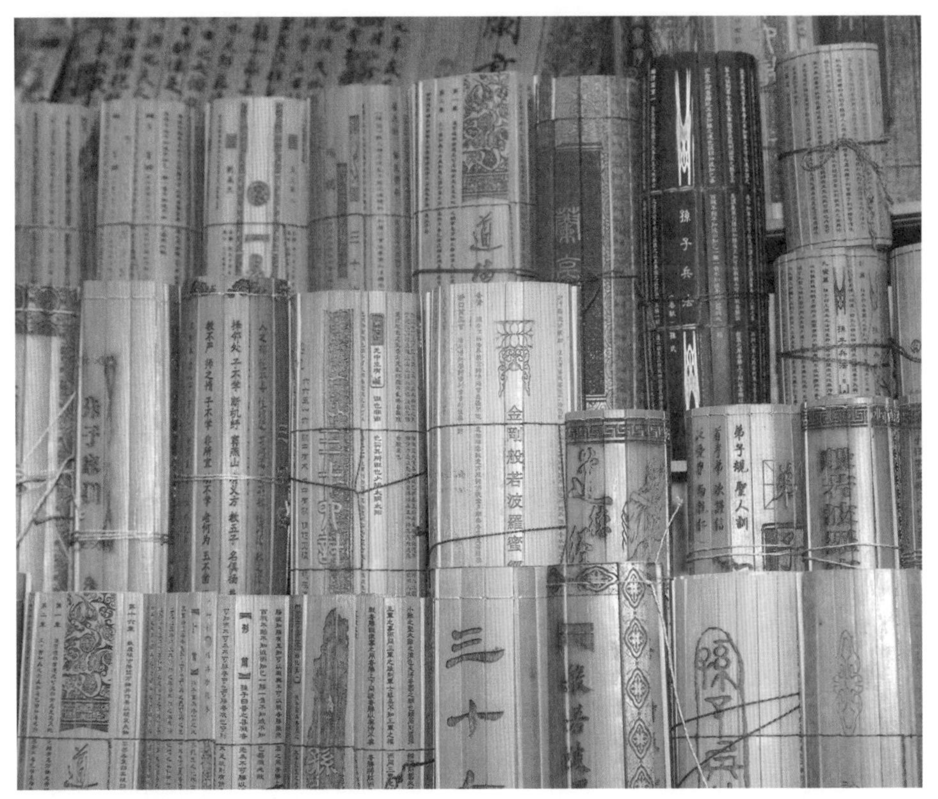

為學之人，要好學、好思、好文，為學要有根基；為國之民，要尋根、尋源、尋夢，要有民族、文化的根！（Shutterstock）

經部典籍

涵蓋以孔子為代表的儒家經典，以及歷代文人學士對儒家經典的注疏。經部典籍受到歷代統治者的高度重視，所以列為四部之首。

特別推介

《易經》：以符號系統來解讀陰陽變化和世間萬物，以見中國古代哲學和宇宙觀。

《孝經》：古代儒家的倫理學著作，以孝為核心，闡發了儒家的倫理道德思想。

《詩經》：中國古代的第一部詩歌總集，它開啟了中國詩敘事、抒情的內涵。

《說文解字》：中國現存最早的字典，是第一部按照偏旁部首編排的字典。

《論語》：是一本以記錄孔子言行為主的言論匯編，體現其「以仁為本」的倫理道德、「以德治國」的仁政主張和「有教無類、因才施教」的教育觀。

《孟子》：為記述孟子思想的著作，孟子以心、性論仁，為道德屬性確立了四項根基：仁義禮智，又把仁政學說加以擴展：民本和民生思想，內聖外王，以德服人。

《大學》：全書融合倫理、哲學、政治為一體，闡述個人修養與社會政治的關係。

《中庸》：人生修養境界的道德哲學專書，求「五達道、三達德、中和、至誠」。

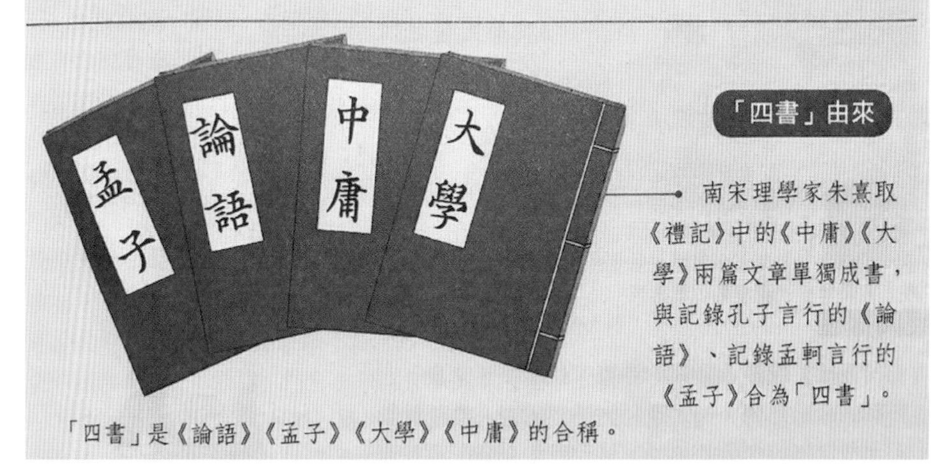

涵蓋以孔子為代表的儒家經典，以及歷代文人學士對儒家經典的注疏。經部典籍受到歷代統治者的高度重視，所以列為四部之首。（作者提供）

史部典籍

涵蓋了各個方面的歷史著作，貫通古今，連綿不絕，體裁縱橫交錯，內容豐富，互為補充，構成中國歷史的瑰麗長卷。

特別推介

《史記》：中國古代第一部正史，既是一部紀傳體史書，也是一部傳記文學集，翻譯成多國文字。有「史家之絕唱，無韻之離騷」之譽！

《三國志》：反映三角鼎立的歷史局面，後人讚譽其敘事生動傳神，內容可信，「善敘事，有良史之才」，「辭多勸戒，明乎得失，有益風化」。

《資治通鑑》：鑑前世之興衰，考當今之得失，是中國最著名的編年體通史，共294卷，洋洋300餘萬字，上起公元前403年，下迄959年。

子部典籍

涵蓋了諸子百家的優秀著作，包括儒家、道家、法家、兵家和醫家。

特別推介

《三字經》：古代蒙學讀物，包括傳統國學、歷史故事、常識和人倫義理。

《顏氏家訓》：闡述教子治家、立身處世、修身為學之道，也注重實學。

《道德經》：是道家始祖老子所著，是道家哲學與政治思想的重要經典。

《莊子》：書分內、外、雜篇，是莊子及其後學所著，是道家典籍經文。

《六祖壇經》：六祖惠能整合了所有佛教思想，成了中國禪宗精神的精髓。

《韓非子》：是法家代表思想家韓非的論著，是法家學說集大成的著作。

《孫子兵法》：中國古代第一部兵書，是中國春秋齊國人孫武的兵家經典。

《三十六計》：集36個奇謀方略的兵法書，語源於南北朝，成書於明清。

《本草綱目》：是東方藥物學、博物學的巨典，作者是著名的李時珍。

集部典籍

涵蓋了先詩文詞曲，以及文學評論等文學方面的書籍。

特別推介

《楚辭》：神奇而瑰麗的騷體之祖，遭憂之作。

《唐詩三百首》：共選入唐代詩人77位，總計311首詩，是了解中國文化的模範讀本。

《宋詞三百首》：清代宋祖謀編修了一代文學：最精粹的宋代詞選。

《牡丹亭》：戲劇家湯顯祖以浪漫詩意寫出了人類自我發現的愛情故事。

《古文觀止》：全書輯錄了上起先秦下迄明末的歷代名家之優秀散文。

《西遊記》：一個家喻戶曉的神魔小說，呈現出神魔城中的萬象世態。

《紅樓夢》：中國四大名著之首：一部百科全書式的永恒的長篇小說。

《文心雕龍》：文學批評系統理論的鼻祖：文體論、創作論、批評論。

《人間詞話》：王國維以評詞之法來述說其人生態度與文學人生的選擇。

《曾國藩家書》：一個末世聖賢政治家的肺腑之言：治學、治家、治政。

後記

筆者在大自然中，最喜歡的是樹，包括樹的種子、果實、花卉、花蕾、樹葉、樹枝、樹根，而數心中最鍾愛的：是樹根。愛之，如人要尋根一樣，有家、有國，又如人要懂得飲水思源一樣，要念念不忘家國對己之恩。

為學之人，要好學、好思、好文，為學要有根基；為國之民，要尋根、尋源、尋夢，要有民族、文化的根！

2019年9月30日

認真生活的人總能字中有物

一提起作文，某些家長、學生、語文科老師便會發愁。家長不知如何鼓勵孩子多寫作，學生不知從何入手而感無奈，老師面對那些等待批改的數班的厚厚的作文則納悶起來。

常見的寫作症狀

捫心自問，當我們寫作時，會否出現如此情況？記敘時，寫事粗疏，詳略失當，內容或太誇張，或空泛失焦點；沒有把起因、發展、高潮、結局完全說清楚。描寫時，描寫籠統，寫人沒有細緻地寫寫外貌、對話、動作及心理活動；寫景狀物則乾巴巴的，欠逼真，也欠動感。論說時，立意不高，觀點不清，未能掌握主題思想；取材欠多元，論據欠客觀，結構欠層次，難以說服人。

世上無難事，只怕有心人

其實，人只要重視生活，重視成長，並重視文字所帶來的無窮好處，便一定能成為喜歡寫作的人。親愛的讀者朋友，您們願意成為有志求進步的學習之士嗎？若願意，請參考如下三個方法；若同意，則再按各人自己的需要，持之以恒，努力實踐，讓寫作成為您們生活中的一部分。

方法一：認真觀察，用心感受，寫好各種自述文章

自述文章的內容全來自日常生活中的點點感受和陣陣巧思。自述文章就是寫出與自己有關的人、事、物的文章，講自己的一段小故事，並寫出這個小故事給自己帶來的影響。

若您喜歡烹調美食，或品嚐美酒佳餚，或是一個饞嘴的人，則建議您可寫寫下廚心得，美食日誌或食評，以讓色香味可以延續，留味人間。若您日常追求時尚，

不論是時裝衣飾，還是電子產品、音響設備、電影名片，都不妨寫一段文字與好友分享您的獨到看法與品味。若您喜歡遊山玩水，同時又擅長拍攝或繪畫，則拍些照片，畫些畫作，寫些遊記，圖文並茂地道出每段旅途風光。若您是一個大情大性，創意非凡的人，更可以放任地、率性而為地寫封情書，寫首短詩，寫個賺人熱淚的動人故事。若您是一個生活樸素，追求平淡生活的人，每天也宜寫一篇日記，圖畫日記/感恩日記/好事日記/心情日記/閱讀日記/時事日記/學習日記/工作日記，總之，每天就送自己一篇成長日記！

「先求有，再求好」，當大家已能為平常生活中的人、事、物寫下隻字片語時，即開始了書寫的好習慣，之後繼而要應付命題文章時，則相對地容易多了。

方法二：認真學習，勤練章法技法，寫好校內作文

校內寫作的設題方式，或命題（只有一個主題/由母題和自選子題結合），或指定情境，或提供選擇題目，以及實用文。設題環繞學生的生活經驗和日常關注的事與情，考核項目包括：內容、選材、結構、文句用詞、標點、字體和格式。就文體要

不一定要成為文學大師、不一定要成為一代文豪，但對於語文資優的朋友，請不要浪費您的天賦才華！（Shutterstock）

求而言，每一道文題多會以一個文體為體裁，但愈高年級文體不限的情況則愈多。正因題目會偏向某一或某些文體（記文/描寫文/抒情文/說明文/議論文/小說/新詩/專題報告），所以我們在審題時宜選定某一至三種文體的特質來初步列寫作文大綱。

不同文體有不同的焦點、章法和評分重點。

記敘文：要把人物的經歷、言行或事情的整體發展過程，自然順暢地敘述出來。

描寫文：要生動逼真、形象具體地把人物、景物（風景/物品）、場景或動作刻畫出來。

抒情文：用主觀真摯的態度，把喜怒哀懼愛惡欲等情感抒發出來。以記人/寫景/狀物/敘事/說理/感時為引，來抒情言志一番。講究文句，是美文，修辭豐富，意境優美。風格各放異彩，或激昂直率，或委婉含蓄，有直接抒情和間接抒情，要求真情流露，誠摯自然，生動具體，因這才能打動別人。

說明文：在於解說事物的真相，剖釋事物的因果。分兩種，一是說明事物，另一是說明道理。前者就事物加以客觀的解釋、分析、描寫，交代事物的形狀、成因、功用、發展過程等，以客觀真實的知識為本，要求運用多種說明方法（定義/分類/舉例/比較/描述/數字/引用說明）來說明事物特徵。

議論文：又名論說文（議論+說明）、說理文、論辯文，目的是對某個現實生活中存在的問題表達個人立場，發揮自己主張（立論文）/ 反對別人意見（駁論文），以論據、論證來支持自己的論點，用概念、判斷、推理等邏輯方式來明辨是非，說服別人同意己見。以真知灼見，說理深刻透徹取勝。

方法三：認真研習，追求精進，寫好比賽文章和文學創作

不一定成為文學大師、不一定成為一代文豪，但對於語文資優的朋友，請不要浪費您的天賦才華！

徵文比賽的評分標準大同小異，認真研習每一細項，發現及改善不足之處，並嘗試再度挑戰自己！

內容評分：主題突出，立意高尚，構思新穎，內容豐富。

選材評分：取材精當，論據例證嚴密，或記敘描寫細膩。

結構評分：結構巧妙，條理分明，層層遞進，嚴謹完整。

表達評分：用詞精確，文句簡潔，行文流暢，技法靈活。

至於卓越的文學創作則如同其他藝術一樣，有其獨特的魅力和永恒本性！那麼，究竟文學創作難不難？有時難，有時不太難！那些厲害的文學作家必須具備深厚的文化底蘊，而作為剛剛踏入文學創作的新手寫作人，則至少也要有敏銳而詩意

的眼界，以及獨特的創造力啊！

這是我最喜歡的作家張曉風女士所寫散文的首兩段：把山比喻成紙鎮，土地則變成可以用來書寫歷史的稿紙，而我們則正好在那塊土地上，繪畫出一處文人風景區！

〈常常，我想起那座山〉 一方紙鎮

常常，我想起那座山。

它沉沉穩穩的駐在那塊土地上，像一方紙鎮。美麗凝重，並且深情地壓住這張紙，使我們可以在這張紙上寫屬於我們的歷史。

祝願大家愛上文字、文化、文學

2020庚子鼠年，是非一般的年度，深信我們每人也正經歷着非一般的感受和想法，此時此際，您願意把腦中思緒和心中情意，一一化為具體有形的文字嗎？文字或成句，或成詩，或成章，或成書，未來的您必會衷心感謝現在這個願意起動巧手寫下文字的您。給力！加油！

補充文題建議：

我的好朋友/同學/老師/知己/童年玩伴；我們這一家/這一班；我喜歡的活動/興趣/運動/娛樂/電影/劇集/雜誌/書本；我最愛的季節/節日/動物/植物/一幅畫；我最難忘的人/事/旅行/一句話；我的志願/煩惱/珍藏/小天地/幻想世界；我在_____找到快樂；天空______；樓梯與升降機；律己以嚴，待人以寬。

2020年4月20日

歡迎與周老師交流合作共創教育，電郵 joeychow317@gmail.com

作者簡介

翁美茵，中華基督教會何福堂小學校長，1997年投身教育界，於2015-2019年擔任中華基督教會基法小學校長。畢業於香港中文大學教育學院，完成教育學士及教育碩士課程（主修課程與教學），亦於建道神學院修畢神學文憑課程。曾任小學課程主任十年，並於台灣及本港分享整體課程規劃、資優教育、德育課程規劃及電子教學等。過往多年曾應邀參與課程改革評估關注小組及教師持續專業發展會議，近年多關注及分享家長教育。自2016年起加入教育評議會。

常存感恩是喜樂的源頭，是健康成長的良藥

近日社會上充斥着不少的怨氣和咒罵，相信不論是那一方都會有不好受的感覺。身處現今的環境中我們仍能看見感恩的事，仍能常常保持喜樂的心嗎？

從網絡上看到感恩有不同的意義，也不難找到很多的解釋，但其中我最欣賞的可算是這段説話：「感恩是一種處世哲學，也是生活中的大智慧。一個智慧的人，不應該為自己沒有的東西斤斤計較，也不應該一味索取和使自己的私欲膨脹。學會感恩，為自己已有的而感恩，感謝生活給予你的一切。這樣你才會有一個積極的人生觀，才會有一種健康的心態。」常存感恩的人就有喜樂的心，並擁有一種積極的態度。要在逆境之中找到值得感恩的事確實並非容易，但是我們就需要培養一種態度，這就是常存感恩的態度。

我們究竟怎樣才能培養出這種感恩的態度？其實感恩就是從日常生活中微小之處開始。

從小培養，在家開始學習感恩

在中國的傳統思想上最基本的五種人倫關係之首就是父子，所強調的就是孝親。孝順及尊敬父母就是我們可以教育孩子從小珍惜所擁有，以感恩的心欣賞父母所付出的養育之恩，向家人表達關愛之情。父母亦可以引導讓孩子向祖父母表達感恩與關愛，父母自身亦以身教讓下一代感受到孝的重要。孝的背後埋藏着一份情，一份感恩無私之情，孩子從小體會自身能在父母養育之下成長，那是一份福氣。

透過不同人物體會 身處逆境仍能迎難而上

歷史是智慧的寶庫，家長或教師可以透過不同的途徑（如閱讀、電影）讓孩子了解前人面對挫折不氣餒的精神。在這些積極人生的背後往往就是帶着一份盼望與堅持，並能抱持一種積極樂觀的態度。

感恩是一種好的態度，只要孩子們從小多留意身邊的人與事，多從欣賞的角度，學會珍惜，他們在成長的過程中就會少抱怨。（Shutterstock）

喜樂與感恩息息相關

學習數算恩典，以積極的態度面對。記得《聖經》中的一句話「要常常喜樂，不住的禱告，凡事謝恩……」。喜樂與感恩其實就是息息相關。一個半杯水的小故事相信大家都耳熟能詳，在客觀的環境裏情況都是相同，但能數算仍有半杯水的就存在着一份盼望與感恩。不存着感恩的，或許就是只從埋怨出發，感到只有半杯水的苦處。感恩就是一種態度，是一種生活的習慣，也是一種思維的模式。當我們能養成凡事從正面思考，即使客觀環境不改變，我們仍能存着盼望，積極面對不同的境況，常常抱有喜樂。當擁有喜樂又會再以感恩的態度面對生活。這就是一個正能量的循環，有的將積累更多，就好像雪球效應一樣。

在生活中欣賞大自然的美

不知你曾否試過望着藍天白雲，讚嘆創造的奇妙。又不知你曾否試過感謝上天配置美好的大自然，讓我們可以安然居住。在繁忙的生活中觀賞大自然的美，總令人心曠神怡。對我來説，每當走到海邊或在清晨看見藍天白雲，總是給我一種動力，亦叫我要堅持珍惜我們這個人與大自然的家，因為我們就是息息相關。一種欣賞的心，會喚來一份感恩的心；一份感恩的心，會喚來叫人珍惜的心；叫人珍惜的心，會喚來一份喜悦。因為，我知道我現在正是擁有而不缺乏。

總結

感恩是一種好的態度，只要孩子們從小多留意身邊的人與事，多從欣賞的角度，學會珍惜，他們在成長的過程中就會少抱怨。人生的快樂並不在於擁有多少，而是在於並不缺乏。能活在並不缺乏的人生中，就是一種幸福。至於何謂不缺乏，這又是另一個可以探討的話題——如何學會知足。

2019年9月24日

教育無他法：愛與榜樣

今天收到友人傳來信息提及德國著名教育學家福祿貝爾曾經提及教育之道在於「愛與榜樣而已」。聽到這句話確實認同，作為父母對子女來說「愛與榜樣」就是最重要不過之道。可是愛，是如何地愛？榜樣又是怎樣的榜樣？筆者腦海頓時想到《聖經》的教導及耶穌基督的榜樣。《聖經》有一篇著名章節，人稱為愛篇，就在此分享一些，彼此互勉。

「愛是恒久忍耐，又有恩慈；愛是不嫉妒；愛是不自誇，不張狂，不做害羞的事，不求自己的益處，不輕易發怒，不計算人的惡，不喜歡不義，只喜歡真理；凡事包容，凡事相信，凡事盼望，凡事忍耐。愛是永不止息。」（《聖經》〈哥林多前書〉13章4-8上）

短短幾節的經文，卻有深度。無論在親子教育、夫妻相處、朋輩關係等都值得深思，並有啓發。筆者透過以下幾點分享。

恒久忍耐 又有恩慈

忍耐的意思就是耐心地等待；恩慈就是憐憫和慈愛。

作為父母，自子女出生就已不斷經歷及體驗忍耐。為着照顧幼小嬰孩經常忍着不睡，餓着不吃。相信這些都是父母嘗盡的滋味。隨着孩子的成長，父母的忍耐與恩慈之心只會有增無減，遇上孩子的學業及品德，也需一一悉心教導，在忍耐與寬恕之中不斷交織出愛的關係。

不嫉妒

當嫉妒簡單而言就是妒忌，如果父母要讓子女不存在妒忌之心，他們必須先不把子女與別的比較，亦要不斷透過表達，去肯定對子女的愛。

年幼的孩子，最容易就是在兄弟姊妹之間作出比較，並產生妒忌心，因此父母或照顧孩子的成人，必須經常留意切忌把孩子與兄弟姊妹、親朋戚友作出比較，因為這是沒有意義的，只會傷了他們的心。我們要相信每個人也有專長，而每個人的專長也不同，我們要做的是發掘他們的優點。我們不把孩子作比較，自然也可減少他們自發與別人比較的機會，隨之在成長的過程中再學習接受自己的不足與發展肯定自己的自信。

不自誇 不張狂

猶記得早前參加一個講座，講員提及幼稚園學生很愛誇大事情或作出不正確的描述，講員提到這些情況都是孩子們成長的過程。作為父母，遇有這些事情，我們無需識破孩子的大話。當父母遇有不明孩子的描述，只需作出提問，然後輕輕地就着話題加以與孩子討論，讓孩子感到父母是對他所言信任不疑，但需要了解。誇大並不是代表孩子變壞了，只要父母耐心傾聽，與孩子建立良好的溝通，孩子漸漸就會走過這一個階段。當孩子經驗得愈多的接納和信任，他們就愈能減少自誇的情況。

不做害羞的事 不求自己的益處

隨着孩子漸漸成長，父母需讓孩子懂得選擇做光明正大的事，不應為一己的慾望而強求想要的事物。

孩子要為人光明正大，從小的誠信就很重要。父母需要在家中以身作則，讓孩子體會履行承諾的重要。父母的身教亦十分關鍵，當人只為求個人的利益和一己的私慾，人就很容易犯上錯失而不自知。因此正如上文提及的忍耐，父母在照顧孩子時付出了不少的忍耐，而在孩子成長的過程中，他們就會體會父母為他們所付出的，孩子漸漸受父母影響而學會了忍耐。這份忍耐將可幫助他們不從個人慾望中闖入不必要的誤區。

不輕易發怒 不計算人的惡

要教導子女不輕易發怒，這實在是對父母的一大挑戰。為何？因為父母在家中必須恒久持續作出好榜樣，否則子女將不能從父母身上體會情緒的控制。

管理情緒不僅對父母重要，對整個家庭健康也很重要。若父母的情緒控制得不合宜，孩子很容易就會產生恐懼與困惑。久而久之，孩子就會活在壓力與困乏之中，對人失去信任，走向負面情緒，亦很可能着眼於計算別人的不是。

透過上文只略述數項，還有的未説，經文的最後以「愛是永不止息」而作結。盼望我們眾人也常存着愛在人間的信念，活好每一天，父母把信心、盼望與愛帶給每一個可愛、活潑的孩子。

2020年4月8日

盼望我們眾人也常存着愛在人間的信念，活好每一天，父母把信心、盼望與愛帶給每一個可愛、活潑的孩子。（Shutterstock）

作者簡介

邱國光，英國布理斯托大學博士，主修教育行政及語言教育。現為仁文教育首席顧問，積極推廣Glocal Education（本土全球教育），致力培育具本土情懷、國家觀念、全球視野的世界公民。亦為國史教育中心（香港）行政總監、中華歷史文化獎勵基金總幹事、同心教育基金會（香港）學術顧問、灼見名家專欄作家及香港東坡詩社副會長。研究興趣包括教育政策及管理、香港教育史、語言規劃、英語教學等。最近著作及編著作品包括：《香港青年政策何去何從》、《人間天堂——毛里求斯服務研習之旅》、《風采心•情•志——風采十五周年的故事》、同心一生一師系列《廣西越南篇》、《大灣區•柬埔寨篇》及《廣西越南續篇》、《校長也上課》等書。

教師自殺，是時候做什麼？

自殺，一個也嫌多

又一位教師在本月初輕生，每次看到老師自我結束生命的新聞報道，心裏都悵然不已，久久不能釋懷。不盡是愕然、同情、控訴、激憤等感性情緒；更多的是對「自稱萬物之靈」的人類對生命的無知、誤解、錯解的理性思考。在統計學角度來說，香港教師自殺情況嚴重嗎？從21世紀第二個十年開始算，至今天，9年共8宗（香港教師自殺率似沒有官方數據，8宗的數字是作者在互聯網上統計所得，未必完全準確，可能有誤差，但不礙本文的討論），1年約1宗。

近10年，全香港每年均有800-900多宗自殺個案；這樣看來，教師自殺的情況並不嚴重。數字是根據客觀情況統計出來的，自有其中立性。但如何演繹卻是另一回事。教師這門職業的對象是學生，公眾對教師的期望除了言教外，還有身教。試想教師的自殺對學生有多大的影響？8宗個案中有一半竟然在校內發生，幼兒院內有、小學內有、中學內也有。教師、職工、學生若親眼目睹，心靈上可造成永久的陰影！影響亦不只在該校之內，傳媒大肆的報道，影響無遠弗屆，全港數萬名教師，超過60萬中小學生，有多少因而受到負面影響？這只是對直接相關的教育場所而言，間接的更可能促使有自殺傾向的無助者提早行動啊！所以，自殺個案，套用坊間流行俗語，真的一個也嫌多。

SOP，能解決問題嗎？

自殺能解決問題嗎？一般自殺個案的背後動機是由多元因素引起的，有內在個人因素，也有外在因素，錯綜複雜，切不可把問題簡單化，歸納於某一原因。可惜，現代社會已非常泛政治化，即什麼也與政治，特別是選舉工程扯上關係。社會上大凡發生重大事故，天災好、人禍好，必然的啟動所謂「標準作業模式」

（Standard Operating Procedure，簡稱SOP），以教師自殺個案為例，第一步是專家團隊的介入。這個個案是教師，專業人員自必與教育有關，於是，教育心理學家、輔導人員、社工相繼介入，進駐校內約見、輔導有需要的教職員、學生等；第二步是成立調查委員會，由辦學團體委任獨立人士調查事故原因。第三步是發表調查報告，對現行制度不足之處作出建議。驟眼看來，SOP有板有眼，程序清晰，既有專業支援、又有獨立第三者較客觀的意見，理應具果效，能把現行制度優化，能解決或最少減輕事故帶來的問題。但弔詭的是結果往往事與願違。

南丫海難事件

2012年的南丫撞船事件，是香港海難史上一大災難，導致39人死亡，92人受傷，相信不少讀者仍然記憶猶新。救災結束後，行政長官會同行政會議成立獨立調查委員會，由高等法院上訴法庭法官出任主席，以示公正。6個月後，調查委員會向行政長官提交調查報告，長達238頁，作出多達13項的建議，矛頭更直接指向海事處，在制度上，尤其是承擔責任的態度和透明度方面均需作出改變。面對這樣嚴重的指責，政府又怎樣回應？還是老調子，在調查報告書公布當天，運輸及房屋局局長同一時間宣布成立海事處制度改革督導委員會，由他擔任主席，全面檢討海事處的制度，並答允推出改革方案及時間表。

是時候把生命死亡教育（The Life and Death Education）引進學校，這是當務之急，刻不容緩。（Shutterstock）

整個海難事件調查報告最新發展又如何？2018年8月，立法局經濟發展事務委員會向委員發信，就如何跟進調查報告徵詢議員意見。已回覆的議員主流意見是：「將精力專注於加強本地船隻規管，無需再安排會議討論調查報告。」至此，整宗南丫撞船海難事件落幕，前後六年，跨越兩屆政府。報告內之建議有否執行？是否全部落實？不遵從建議又如何？這些本來是最重要的問題似乎已得不到傳媒的青睞。公道點說，這個與SOP無關，問題有兩個層次，表層在於龐大官僚系統下所產生之局限，部門之間互相委過；與及泛政治化下，立法會，一個原意是監察政府運作的組織，只淪為政治角力的場所，所有議題均是不同派別議員手上的籌碼。

是時候開展生命死亡教育

挖深一點，SOP這種模式不能真正把問題根治是源於人性中的各種慾望：私心、利益、權力等。返回教師自殺現場，可以估計調查委員會會向不同持份者收集意見，證據；基於一己利益，各證人多會提供有利一己的證供，這不一定是謊言，但避重就輕、轉移重點，設法把自己責任抽離是凡夫俗子自然的反應。可以斷言，報告多會提出學校在制度上有何不足、教育局及辦學團體在監管上亦有漏洞，於是列出多項優化建議。但這最後能預防教師自殺嗎？南丫海難殷鑒不遠，最後仍是不了了之。制度不公、監管不力是外因，是催化劑；自殺者對生命的無助、對今生、來生的認識不足、對生命意義的錯誤追求、對人生存在價值的模糊感才是主因啊！是時候把生命死亡教育（The Life and Death Education）引進學校，這是當務之急，刻不容緩。下文再續談。

2019年3月15日

從死亡領悟生命的意義

死亡需要治療嗎？

在華人社會，死亡是禁忌，提也提不得，逼不得已要說出口，也以大量的委婉語代替。不同階層、語境說法不一，老百姓說「走」了；基督徒說「蒙主寵召」；佛弟子說「往生」；道家說「升天」；粗俗的是「賣咸鴨蛋」；比喻的，可以是「釘蓋」；文雅的，是「千古」……既然說也不願說、不敢說，理性的討論自然更難了。所以，若希望在中小學推行生死學教育，首先處理的應是「死亡」觀念的重認，重新認識死亡的原始意義，抹走一層層的誤解、不科學、不理想的迷思。

本來，生、老、病、死是人生必經的階段，是自然不過；長生不老，只出現在神話、小說中。人必有一死，是大自然的奇妙設計。試想想，若人不死，滿街皆是千百歲古人，地球上還容得下你我嗎？死亡不是病，不需要治療的。就因為人必面臨死亡，人類才懂得珍惜、才明白時間的觀念、才懂得奮進，文明、科技才得以發展，人類才能知悉、才能履踐生命的意義！人生有何意義？這個不是空想的哲學問題，也不是只供象牙塔學者討論；而是確切的是一個人生最重要的命題。這裏先不談理論，我們看看幾本書的主人翁怎樣面對死亡，從而啟悟生命的真正涵義。

一切都不對頭

《伊凡•伊里奇之死》是出於俄國大文豪托爾斯泰之手。托翁生命橫跨19及20世紀，1910年過生時，終年82歲，在生命科學、醫術還相對落後的年代，是非常長壽。托翁一生傳奇，大學時留級、轉系、退學；年輕時曾沉溺賭、嫖、飲；曾參軍，受重傷，僥倖生存；積極參與教育，關心窮人，更身體力行，創建貧民子弟學校；與教會關係緊張，73歲時，被開除教籍；文學作品以鉅著《戰爭與和平》為代表，被認為是世界最偉大小説之一。

《伊凡•伊里奇之死》是中篇小説，全書只有100多頁，成於1886年。托翁時年58歲。雖是翻譯書，但絲毫不覺沉悶、老土，一則多得譯者文字功夫深厚，讀來非常流暢，也合乎華文世界讀者口味；再則，應是《伊》書情節吸引，思想深邃，能引發讀者不少共鳴，以至啟悟。

《伊》書描述平凡的法官伊凡•伊里奇罹患絕症後一步一步走向死亡的心理歷

就因為人必面臨死亡，人類才懂得珍惜、才明白時間的觀念、才懂得奮進，文明、科技才得以發展。（Shutterstock）

程，被喻為「死亡文學顛峰之作」。書中主角伊凡是在法院當檢察官，忠於職責，遵守規則處理公務，獲上司賞識。正當他仕途一帆風順時，卻得了癌症，最後只能躺在床上，等待死亡的來臨。托翁以非凡細膩手法描述伊凡步向死亡的過程，深刻的描述他對死亡的恐懼和他臨終前，開始懷疑自己一生走得「不對頭」，讀者彷彿自己也和書中主角一樣感受對死亡的恐懼。法國大文豪莫泊桑讀畢本書後説：「我明白我的全部事業都毫無意義，我整個十大卷作品都一文不值」。托翁透過伊凡質問世人「生命的意義」在那裏，確是震撼，但似並沒出路。相反，米奇•艾爾邦（Mitch Albom）的名著 ，卻為世人展示人生積極的一面。

學會死亡，你就學會活着

米奇•艾爾邦是近年來世界最暢銷作家之一。他10多本著作，全球銷售近4000萬本。《最後14堂星期二的課》成於1997年，長期高據最受歡迎書榜。作者米奇以自己為主角，第一身的記述了與身患ALS不治之症的大學教授墨瑞，在畢業16年後，所上的14堂有關生命與死亡的課。ALS，中文是「肌萎縮性脊髓側索硬化症」，俗稱漸凍人症、運動神經元病，是一種漸進且致命的神經退行性疾病，是絕症。

這門課沒有評分，但有口試；「吻他額頭道別，可以讓你得到額外分」。這門課沒有課程，但涵蓋很多科目，包括「愛、工作、社區、家庭、年老、寬恕、死亡」。這門課沒有畢業禮，只有一場葬禮；亦沒有期終考，但要交一篇報告，《最後14堂星期二的課》，就是這門課的報告。這門課只有一個學生，就是作者。

絕症並沒有摧毀墨瑞教授的生命。他問自己：「我是日漸委靡不振，或是要善加利用剩下的時間？」明顯的，墨瑞教授選擇了後者。墨瑞不願被死亡打敗，他不願自己因離死期不遠而羞於見人，他要以死亡作為他生命最後的計劃，「研究我的緩慢步向死亡，觀察我身上發生的事，和我一道學習。」是多麼的灑脱！

莫瑞説：「學會死亡，你就學會活着」；「死亡是悲傷的事，但是活得不快樂也是悲傷。」何謂真正活着？終日營營役役，迷惑於外在物質世界，隨波逐流，最終只會迷失了自我，活着也只是一具行屍啊。莫瑞説：「看着自己的身體慢慢萎縮至死，是很可怕，但也很可喜，因為我有充分的時間説再見，不是每個人都如此幸運。」是何等的樂觀，老教授已看破了肉體生命的局限。透過14堂課，教授啟悟了作者要懂得愛、寬恕、擁抱衰老、學習預備死亡、尋找一己生命的真正涵義。

面對死亡，伊凡與莫瑞有迴然不同的反應。伊凡可算是社會上的典型人物：讀書、工作、結婚、生兒育女、工作升遷；一生安份守己，卻不知為何身患惡疾，最後含恨而終。莫瑞卻隨遇而安，他當然不歡迎死亡，但不會抗拒；他深明死亡是自然的，但不會屈服於死亡；他盡最大可能向世人展示生命的光彩。

2019年4月2日

小陌逢春——悼念霍韜晦老師逝世一周年

事要做、情要轉

又一年了，社交群組看到了紀念霍韜晦老師的文章，才驚覺霍師已逝世一周年。一年365天，8000多小時，每時每刻繁忙的工作，排山倒海的日程，令人透不過氣。這就是香港人的生活，也是現代人的悲哀。若是十多年前，相信我只會投訴、抱怨；態度會愈趨粗暴，思想會愈趨極端。現在，卻是更多的沉默、更多的關懷、更多的體諒、更多的不忍。事沒變，仍是「7-11」的工作；變的是情，是源於本性之情，上契於天、下及人倫；不止是知識、理論，更多的是實踐、反思。

跟霍師沒有太多的緣份。十多年前，那時生活充滿糾結，纏繞不清，上霍師的課令我悚然一驚，先則抵抗，進而沉澱、思考，開始對生命發出問號。人一生不管你是什麼人，相信何種宗教，總是希望知道人是從哪裏來，又將會到哪裏去，心裏總是不能踏實，心裏常常期望知道這些問題的答案。霍師沒給我們答案，他給我們的是性情教育，強調人要開發性情，生命要超升，這是理論，不能尋求生命的秘密。答案是在實踐中感受。霍師的課是一種啟示，用英語說是insight，insight可帶出疑問；疑問可促成頓悟。

以心傳心

一日，佛祖釋迦牟尼在靈鷲山（印度一座佛教聖山，相傳佛祖常在此說法），向弟子說法。法會開始時，佛陀一言不發，只是手拿一枝金色的缽羅花（蓮花的一種），出示給眾弟子。說法不用嘴巴，弟子當然不知道是怎麼回事，於是「大眾默然」，默

霍師去了，唯性情教育仍然留住，仍然在不同的地域、空間傳播，精神永存不朽。（霍韜晦思想世界Facebook）

然，就是沒講話。此時，佛祖首席大弟子迦葉尊者突然「破顏微笑」，破顏，即本來是很莊嚴、很鄭重其事的，卻突然笑起來了。這場景也確唐突，這好比一場祈禱會，全場鴉雀無聲，突然爆出一笑聲，多麼尷尬啊！但迦葉尊者一笑，佛祖即開口。

佛曰：「吾有正法眼藏，涅槃妙心，實相無相，微妙法門，不立文字，教外別傳，付囑摩訶迦葉。」涅槃是佛家語，修學佛法的最後歸趣，達至解除煩惱，了卻生死的境界，這個是不可思議的微妙法門，文字是寫不出來的，是教外特別地傳授的，佛陀已經把這種法門傳給迦葉尊者了！拈花微笑，以心傳心，佛祖為何拈花？迦葉為何微笑？大迦葉尊者破顏而笑，乃是忽然悟出佛祖拈花的真諦，與佛祖產生共鳴後，喜從心出，不由自主的發出笑聲。這就是頓悟，頓悟不是從空而來，沒有經驗的累積、不經過思考的過程，難有頓悟，佛祖的拈花是最後的助緣，貫通了迦葉尊者修行學習的不同關鍵點。別問迦葉尊者頓悟了什麼，頓悟只針對個人，「如人飲水，冷暖自知」，生命成長，是一點一點的過關，受到啟示、insight，有所悟，就能過關；形象化的描述，就是生命得到超升，生命的高度就指生命的超升程度，性情教育就是協助生命的超升，助你經驗生命的真諦，尋找、領受生命的意義。

霍師去了，唯性情教育仍然留住，仍然在不同的地域、空間傳播，精神永存不朽。期望莘莘學子，可以秉承霍師性情教育的真諦，「讀書求志氣，實踐長性情」，不斷讀書思考生命的意義，用行動感受生命的價值，這就是生命的秘密。

2019年7月4日

半學半教無嗔無痴

2019年對教育界來説是沉重的一年。半年多來因反修例風波而引發不同方位的社會運動，強把人的價值推向兩端。極端化的結果是人的思想變得偏頗、行動充滿愚昧，理性完全為感性宰控，失去平衡，結果只會墮入二分法的窠臼：朋友非友即敵；是非非黑即白。這當非教育之道，亦非人生之理。趁此歲末，就把個人對教育、人生一些觀念整理，盼望教育重回本源，人生重回正軌。

半學半教 半生解惑求諸己

「半學半教」，對現今的教學生態來説可能是一種諷刺。教師的重點在教，其理至明。雖説教的形式有多種，課堂無論是以教師為本（teacher-centred）或以學生為本（student-centred），教師仍是課堂的設計者，教室內的主角。教，亦有不同層次。韓愈《師説》説得很清楚，「師者，所以傳道、受（授）業、解惑也」。為學生解開問題疑惑、傳授學生知識、傳播人生道理，層層遞進，由表面解難層次，到最後為學生指點明燈。《禮記》所謂「經師易得、人師難求」亦是以師為主，不同層次的教學。

教，只是一半；另一半是學。古語有云：活到老、學到老。那學什麼？學知識嗎？知識愈豐富，愈能掌握事事物物的原理，對教學實大有裨益。所以，老師課餘進修，特別是新科技方面的知識實有其必須性。但這只是授業、經師的最低標準。當社會紛亂，價值混亂、人心不安，教師本身亦徬徨失措，要能安己安人，自家必須成長！

古之學者為己

那末，教師應學什麼？「古之學者為己，今之學者為人」，孔子在《論語•憲問》篇的闡釋可以給我們啟示。「為己」指的當然不是為了一己的利益，古文言簡意賅，一字、一詞又有多義，故閱時定必小心，要多參考上下文，且要留意作者背景，切忌望文生義，以免貽笑大方。

孔子的「為己」，用現今語言，即要成長自己。古人做學問，不是為了眼前的利益，而是追求一己的進步，這進步是內在的提升，是對生命、人生價值有深層次的體會。孔子處於春秋時代，對於「今人」只追逐名利投反對票，今人做學問只為取悅於人，是一種向外的追求，例如讀書只為學位，有了學位，就更能攀升社會的階梯。

現代人自然覺得孔子的說法是迂腐，但需要了解孔子所處時代是「禮崩樂壞」，即維持社會穩定的制度出現危機，現今說法即是「管治失效」。社會混亂，民不知所措，在這背景下孔子才有「古之學者為己，今之學者為人」的慨歎。

瘦到梅花應有骨

時局迷惘，價值失衡，教師更需要的是一顆定而安、靜而澄的心。這裏想起明末清初雅士吳從先名句：「瘦到梅花應有骨」。梅花儘管清瘦，卻有傲然骨氣，挺立寒冬之中。嚴寒可是一種鍛煉，人必須經過歷煉，才可品嘗人生的真諦。「半學半教」，在香港現今時勢尤其重要。教師必須要提升對生命的體會，才有能力給與學生在價值方面的指引。或謂教師事忙，公餘時間已不多，又要進修，又要成長，時間何來？

「沒有空間，就是你的空間」這是已故霍韜晦教授對門人的訓誨，弟子莫不以此為警惕。時間對人是公平的，每天只有24小時，每當發覺時間不夠用，就必須馬上要反省，是真的工作量太多？還是不能善用？工作量太多的原因又是什麼？是自己的能力不濟，還是慾望太多，以致不能專注？現代人生活多姿多彩，時間自較古人緊張，唯若能按緩急先後、輕重分配，空間始終會有的。就以對聯一副以結2019年，並與各有心教育人士共勉：

半學半教 半生解惑求諸己

無嗔無痴 無涯授業施於人

2019年12月31日

作者簡介

彭智華，香港註冊教育心理學家，從事教育31年，擁有中外教育及教育心理學碩士學位，現為香港大學輔導碩士課程實習工作坊導師。同時，亦為香港小學學生輔導專業人員協會榮譽顧問、香港幼稚教育人員協會榮譽顧問。2005年成功研發《9S®全腦開發九攻略》，讓教師及家長更能為學童提供全方位的感官刺激，特別為有特殊學習需要的學童提供多元化的學習途徑，更能奠下良好的基礎。2009年，《全腦開發九攻略》論文更獲第二屆中華婦幼健康大會評為優秀論文一等獎。

拼思多明Brainstorming

英語Brainstorming一詞，可被翻譯為「腦力激盪法」，或「腦震盪」，也有人稱之為「頭腦風暴」；根據網上資料，這方法源自美國BBDO（Batten, Bcroton, Durstine and Obsorn）廣告公司創始人亞歷克斯•奧斯本於1938年所提出的。

現在這種思考方式已在世界各地被廣泛採用，包括政府官員開會解決問題、商業機構思考推銷策略、或仍在接受教育的學生在研究某些主題等；一般來説，一群參與者圍在一起，可以隨意將自己腦中和主題有關的見解提出來，刺激大家思考。

這種思考方式有一個很重要的原則，就是不應批評一些新主意，而是鼓勵擴展設想，讓大家可以無拘無束地提出更多的想法，隨着想法的數量愈多，就愈有機會出現更高明有效的方案。

總括而言，Brainstorming有四個基本規則：

一、追求數量；

二、禁止批評；

三、提倡獨特的想法；

四、綜合並改善設想。

「拼思多明」三個步驟

事實上，世界上沒有人會喜歡風暴或太多的震盪，因為會有很多不確定的變數，但絕大多數的人都想自己及別人多一些明白事情，因為可以為未來的生活或工作帶來好處，因此筆者在1991年教導浸會大學校外心理學課程時，提出了「拼思多明」這個中文的譯法，還糅合了筆者個人的應用方式，沿用至今，剛好18年了。

筆者提出這個中文譯名「拼思多明」道出了Brainstorming核心目的是為了「多明」；而技巧需要「拼思」這種技巧。拼思多明的思考方法，可以分為三個步驟或次序：

拼思第一步：「個人拼命思考」，就是每個人自己可以不需要任何會議或當前有什麼特定的主題要解決，而是自己在不同的課題上都願意努力，不依賴或等待別人的回饋，情緒上不抗拒思考上的壓力，肯花心思積極面對不同的困難。

拼思第二步：「各人拼擦思維」，大家協議與別人討論不同問題時，要互相容許對方提出一些可能是天馬行空或無法實現的想法，在這個階段的重點是採取接納包容不同意見的態度，就會達到互相刺激，這亦是原本拼思多明的價值，不如此便不可拼擦出跳出框框的新思維。

拼思第三步：「眾人拼合思想」，需要大家在第二步拼思後所獲得大量的不同想法，進行整理，大家合力將所提出的思想拼合起來，進行篩選的步驟，將真是行不通或現時不夠資源的想法撇開，然後將可行的想法作更仔細的分析，或排列執行的次序。

傳統中國人的思想也有集思廣益的想法，究竟與拼思多明有什麼分別呢？事實上，中國人着重理性邏輯思維，是拼思多明的第三步，似乎不應在別人面前提出一些不合情理或不合乎實況的想法，另一方面也重視德行及個人反省，有問題應留待自己個人細心再想；久而久之，中國人較習慣垂直的邏輯思維，欠缺了不跟規則的橫向或水平思維方式，欠缺了拼思多明的第二步。

「拼思多明」就是結合了水平創意思考方式和垂直邏輯思維，可以使大家先開放一點，有包容的胸襟接納不同人的意見，便會更容易或更有效結集不同人的智能，令

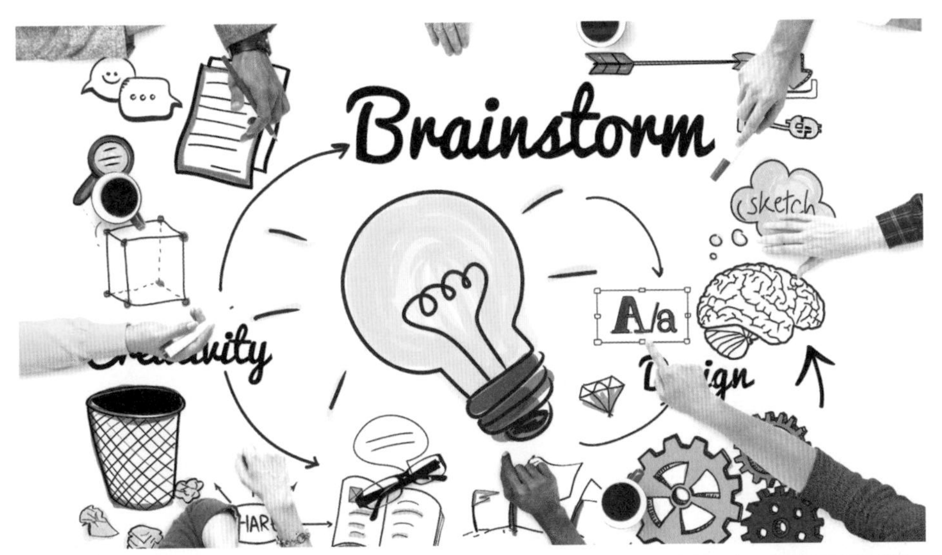

筆者提出中文譯名「拼思多明」，道出了Brainstorming核心目的是為了「多明」；而技巧需要「拼思」。（Shutterstock）

自己及自己的團隊思考方法變得更立體，更完整！

一般來説，大家感到腦風暴會有助思考，但大家可能較為習慣以群體開會形式，進行腦風暴時互相刺激，但這次提出的「拼思多明」，特別要強調「拼思多明」的第一步，「個人拼命思考」，大家不需等待開會，也不需別人提出某一個主題，而是個人願意在日常生活中，培養出「拼思多明」的態度及習慣，當遇上有需要與人要腦風暴時，持有開放包容的態度，就會事半功倍，找出比別人更多解決事情的想法！

2019年9月25日

撕裂的思想

期望喚醒香港人獅子山下的精神

在32年前的今天，即1987年9月9日晚上9時正，我需要乘搭飛機去英國留學兩年，離鄉別井；雖然我當時已成為老師三年了，懷有很大的抱負去進修，但是次只是我人生第二次乘搭飛機，還要去到真是人生路不熟的英倫，難免感到有點惶恐！

在寂寞徬徨的時候，會回想一些經常聽的流行曲，其中一首是《獅子山下》，是由顧嘉煇作曲，黃霑填詞，羅文主唱的《獅子山下》非常有共鳴，因為我是土生土長的香港人，家住黃大仙下邨，每天都有機會見到獅子山，也曾定期攀登獅子山，更因為有些歌詞道出了我的心境：「人生中有歡喜，難免亦常有淚……人生不免崎嶇，難以絕無掛慮」。

香港撕裂得四分五裂 使人心酸

最近幾年，社會出現很多爭議，也有佔領事件，還有持續不斷的遊行示威等大事，不

請大家想像香港的重心已由太平山下轉至獅子山下，再由獅子山下轉到網絡世界的雲端了！（亞新社）

論你是什麼陣營，每天報道的新聞都是關於某些人的示威、某些地方被人衝擊，也有說政府的不是，警察不遵守法紀，真的把香港撕裂得四分五裂，使人十分心酸！

有些家人因為政治分歧而爭吵，甚至大打出手，或婚姻亮起紅燈，亦有朋友的精神病復發，更有人意圖輕生，因此使我回想起《獅子山下》的另一些歌詞，如「放開彼此心中矛盾，理想一起去追……同處海角天邊，攜手踏平崎嶇」，是否適合香港現時的境況？

大家可能都覺得這個熟悉的香港，為何突然間變得很陌生！到底，為何香港會淪落到今日這個地步呢？為何獅子山精神不見了，有人把錯失歸咎於政府及特首犯了錯；有人把錯歸咎於高樓價使中產受壓；有人把錯歸咎於青少年很絕望，所以才會令很多人出來反抗，力求變革。

在我的童年時代，似乎沒有人談及什麼獅子山下或獅子山精神；因為在六、七十年代，最能代表香港的只是太平山下，不論是香港人或是遊客，都以太平山下形容香港的生活模式；但隨着九龍及新界的急速發展，還有香港電台所拍攝的《獅子山下》劇集及有關的歌曲，使大家對香港人在窮困的生活環境，努力拼博地生活及工作，沒有怨言和不辭勞苦的精神狀態留下深刻印象！

南轅北轍的價值觀

現在有些人不停吶喊，期望喚醒香港人獅子山下的精神，使大家明白：既是同舟在獅子山下且共濟，拋棄區分求共對！請大家想像香港的重心已由太平山下轉至獅子山下，再由獅子山下轉到網絡世界的雲端了！

由於年輕一代所成長的環境，不再是數人睡在㓥床上，可能也沒有機會看到獅子山了，他們不一定在街頭流連，反而可能在不同的網上討論區與朋友交流，或自己關在遊戲世界享受人生！這個網絡的世代，與上一代的成長背景不同，雖然住在同一屋簷下，但大家已形成南轅北轍的價值觀。

從前，青少年被教導要尊重長輩、尊師重道，皆因他們的知識是透過前輩教導而得來的。我們相信長輩「食鹽多過你食米，行橋多過你行路」，他們的經驗一定比自己豐富，可以指點自己，免走不少冤枉路。可是到了近代，科技發達，青少年接觸資料的機會多了，接受教育的機會也增加。

大部分青少年的知識水平比長輩高，他們有了自己的一套思想，對於前人的意見，開始不接受及反抗。有些青少年甚至覺得自己比前人優越，他們能靈活地運用科技、活在科技，相反，長輩卻成了科技下的「白丁」。

而且，青少年可以從網絡世界中，找到、學到他們所要的知識，對於長輩及師長的依賴下降。由此，他們對於尊重長輩的概念愈來愈弱，而長輩不明白他們的思維模式，也不能有效溝通。正正由於雙方的思想及取態不同，香港因而走上撕裂的不歸路。

今天回想我當年留學的經驗，使我對政治的價值觀受不少的衝擊，既有原本東方的儒家思想，在西方接受教育時體會了民主國家的生活模式，自己好像被兩股極端的力量往不同的方向拉扯，思想也曾有撕裂的感覺。我最終經歷了很多反思，精神曾有點兒撕裂，但最終蛻變成現在的我；祝願不同層面的香港人，冷靜地對撕裂的現況，大家一起反思問題所在，返回建設香港的初心，用艱辛努力寫下那不朽香江名句！

2019年9月9日

問責與責問之別

請大家假想以下情境，媽媽獨自在家中打理家務、教導兒女完成功課，感到身心疲累，需要另一半的支援；爸爸因公事繁忙夜深歸家，回家後還要繼續處理工作上的安排，沒有理會太太及兒女，究竟雙方的情感會演變了什麼的結果呢？

又或者情侶之間一方認為對方熱情消退，態度日漸冷淡；另一方卻認為與其花錢和時間一同吃喝玩樂，倒不如為大家未來着想，努力工作；由於雙方的觀點角度的不同，很可能小事變成導火線，雙方各懷委屈最終分手收場。

這種耳熟能詳的衝突，大家即使沒有親身面對過，都會從身邊的人或電視劇中經常接觸到。遇到問題時，理應好好地解決，但為什麼有些人能轉危為機，有人些將問題愈弄愈糟糕呢，能否解決問題，就會考驗我們是採用了是責問，還是問責的態度！

責，是為責任、職責。問，是為發問、查問。同樣由兩個中文單字組成的詞語，「責問」和「問責」卻有着截然不同的動機和觀念。「責問」的第一個字是「責」，帶有責備、指責或苛責之意，然後採取質問及追問的態度，希望指出對方的錯處和在問題中的責任，並要求對方解決問題、道歉甚至接受處分。

「責問」讓自己的負面壓力抒發出來

而「問責」的第一個字是「問」，則帶有客觀調查研究，希望探究問題所在的成分，找出責任誰屬，沒有既定的立場，能夠更全面地分析並正視問題，先沒有「假定對方是犯錯」的前設和情緒色彩底下思考問題的根源。

就以香港教育制度為例子：學生和家長就功課及成績問題指責校方過分苛刻，老一輩則指年輕人在不懂拼搏，安穩度日經不起考驗，社會上更有人士指通識教育出現問題，導致青少年受唆擺參與政治，究竟責任誰屬？

社會的需求一直在轉型。科技日新月異，年輕人即使沒有上學都能夠接觸大量資訊，自學能力和資訊量大大提升，同時比起傳統教學知識，更重視全方位發展；在社會環境安定的氣氛下，價值觀由滿足基本生活需要轉為提升自我價值和追尋夢想。

有100個人便有100種思想，究竟當有問題發生時，是誰對，是誰錯，責任誰屬呢？原來「責問」是較易讓自己的負面壓力抒發出來，只要向別人大興問罪之師，還可以將問題轉嫁給別人，不一定需要理會自己的問題或責任。

「責問」的生活態度或習慣，會使人較常停留在自己的思想和情緒中，而難於打開溝通及解難困難之門。當人因不被理解或過度投入而受情緒牽引，便會失去客觀分析和邏輯判斷能力，不能夠宏觀地看清當前問題的前因後果和不同持份者的立場和理據。

「問責」必須自己不斷思考

當大家能夠各自「問責」時，我們要有做學問的精神，問清問楚哪裏出了問題，是哪幾方面或哪個環節出了問題，誰人需要負責任？經歷這過程，大家才能夠真正達致互相理解，針對問題根源共同努力，及後便可對症下藥。

可是「問責」並不像「責問」般容易，我們必須自己不斷思考、包容別人的想法以及整理融合大家的想法，而當中最困難和最大壓力的恐怕就是要真正面對自己的責任和問題。

例如：在家庭紛爭中大數對方不是之前，需要問「我是否真正了解家人的需要？」老師在校園裏在責備學生之前，需要問「我是否有體諒學生的能力和功課量？」而學生在批評老師教導無方之前，也需要問「我是否有專心聽講，認真對待功課？」。

當面對意見不同時，我們仍然必須堅持退一步以冷靜和客觀角度分析事件，和了解各方的問題及責任，就會減少了很多的無明火起，一起冷靜下來解決問題。

2019年12月17日

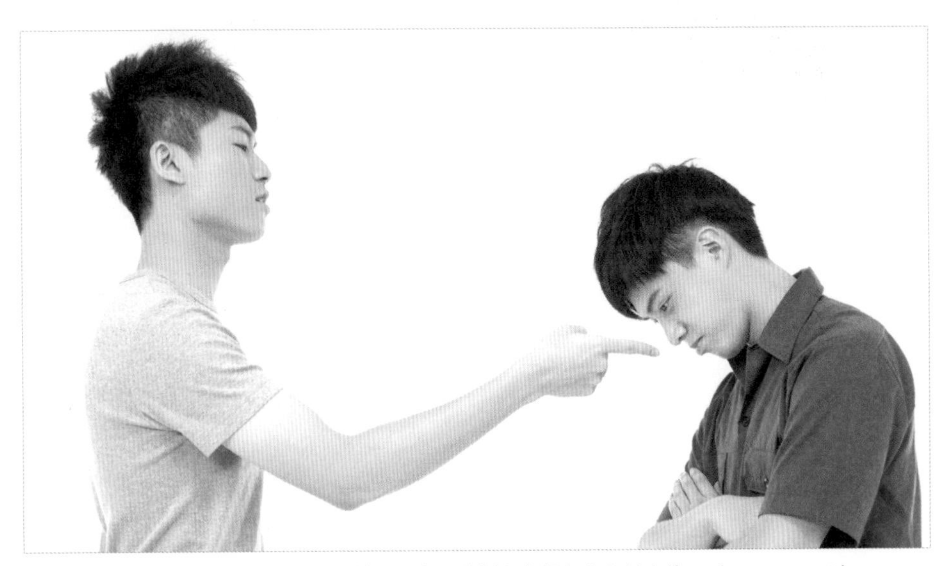

當面對意見不同時，我們仍然必須堅持退一步以冷靜和客觀角度分析事件。（Shutterstock）

面談破裂的七級應變

當親人朋友性格或意見不合，大家可以選擇減少見面或在見面時的語言溝通；雖然有點像斬腳趾避沙蟲，並不是理想的辦法，但也不失為一個短期應變措施，因而可以減少大家磨擦或產生更多誤會的可能性，或許是一個兩害取其輕的做法。

最難處理的情境就是一些面對面的意見衝擊，而對方是自己的親人或多年的好友，大家意見不合但又不想關係破裂；特別是在室內的環境情況下，而對方不停地發表很多謬誤，甚至是強詞奪理，自己也感到對方的言論嚴重影響個人及在場人士的情緒，究竟我們應該如何處理呢？

概括而論，不同人士都可以有不同的處理方法，絕對要視乎自己的個性修為及與對方的關係，還有需要關注所處的環境氣氛，沒有一概而論的良方，但可以歸納為以下七級的應變方式以供參考。

大發脾氣

這可能是最差最壞的回應方式，就是不停粗言穢語反駁對方，甚至胡亂擲東西及最終演變至打人，但自己又不願意離開現場，使局面得變得很僵及惡化；這種回應方式不但會破壞彼此的關係，更會加深大家誤會，還有機會使自己犯了刑法。

小發脾氣

雖然自己不能或不願離開現場，若能讓自己暫時稍稍降溫，忍着自己的不滿及控制自

就算是大家在今天嚴重吵鬧，因為曾有一份真情，總有一天大家會明白及接納對方。（Shutterstock）

己的手腳，只是提高聲線大罵，而沒有打人或講粗口，雖然仍可能影響大家的關係或感受，但可免卻自己惹上官非，帶來日後的麻煩，比大發脾氣少勝一點兒。

憤怒離開

逃避並不能解決事情或減少意見的分歧，但若未能將自己的不滿情緒降溫，可以考慮不理睬對方，刻意顯示憤怒的表情及不發一言地離開現場；這做法可以將破壞關係的負面影響減至最少，但仍可有足夠的訊息向對方表示自己的不認同，宣洩自己的不滿。

短暫離開

最中性的處理方法，就是在自己不認同對方的觀點時，在沒有聽完對方的言論，嘗試找一個理由或藉口，假裝處理其他事情，如去洗手間，去喝一杯水或需要買一點東西等，而盡快短暫離開現場，讓自己可以有一點喘息的機會或私人空間，然後選擇適當時機才返回現場。

冷靜聆聽

若自己感到個人的心理狀態已有所提升，能面對一些意見不合的場面，更能有信心或經驗冷靜處理意見的衝擊，便可選擇平靜地聽完對方所發表的偉論，自己卻保持緘默，直至對方話題結束後才離開，但自己應該不作任何回應或反駁，以免引起對方更詳細的分析，節外生枝。

細心分析

若感到自己所修練已達至更高的境界，可以洞察對方説話情緒高漲的原因及言論背後的邏輯思維，因此自己可以不只細心聆聽對方的意見，還能分析對方的意見有什麼地方是對的，有什麼是不清晰或只是感性的表達，等待適合的時機或場合才與對方反映自己的見解。

真情對話

這是最理想的階段，但亦可能是最難做到的；縱使對方所説的都是謬誤或是很片面的，因為已與對方有共識或長久以來建立了關係，除了聆聽對方的見解外，也能引導對方明白他可以表達意見，你也想讓對方知道你自己也有一些意見，大家平靜地交流及真情地對話，目的不在於改變對方立場，而是增加彼此的了解。

以上七級的應變方式，都可能只是治標不治本的做法；假若大家的關係缺乏了愛或慈悲心，很難有長遠真情的對話；反之，就算是大家在今天嚴重吵鬧，因為曾有一份真情，總有一天大家會明白及接納對方，問題在於我們能否在這一刻由自身出發，改善自己的心理狀態，時時展現愛心與關懷，能提升所處的社群有更佳的對話機會！

2019年10月30日

作者簡介

余錦明，持有文、理、商、社會科學、教育學位及哲學博士，以多元的形式服務香港、澳洲及紐西蘭教育界。不時穿梭三地，於不同地方參與當地的教育服務。現為香港數所幼稚園、小學及中學校董及課程顧問。在澳洲致力推行幼兒教育師資培訓工作，並安排不同亞洲地區的在職幼師到澳洲進行專業發展及行政管理工作交流。此外，亦身兼紐西蘭 Auckland International College 之學校發展職務，並透過多邊合作的方式在不同國家進行國際文憑課程組織（International Baccalaureate Organization）課程的實踐。

聯校英語、企業考察及服務學習體驗

復活節期間，筆者任職的澳洲教育機構接待了來自香港三所中學的學生進行語言學習、企業考察及服務學習，希望在此分享一些經驗和感受。

三所學校為港澳信義會慕德中學、妙法寺劉金龍中學及天水圍循道衛理中學， 三校組成了26人的學生團隊，學生分別就讀中二至中五的不同級別。各學校的負責老師均為學校的資優教育組成員，三所學校一向致力推動校本的資優教育活動。按着是次活動的定位，教師也努力挑選學習能力較佳、創造能力不俗和在社交情意上對良好特質的學生參與這個體驗團活動。

活動依據資優教育課程架構第三層次設計

根據香港教育局的資優教育課程架構，是次活動屬於第三層學習增潤。這層次是指在校外為特別資優學生，提供特定的專門訓練學習機會。透過三所學校與澳洲教育機構University Preparation College及HEI School Emerald Early Learning Centre的合作，三所學校的優秀學生透過是次學習活動中組成一個更大的群體。這樣便好比一群小魚游向廣闊的大池或大海一樣，過程中更有機會認識不同學校中具備優秀學習能力的夥伴，繼而進一步到拓闊個人視野及發展多方面的能力（如英語、專業知識、外國社會認知、兒童心理及照顧幼兒的技巧等）。

除第三層模式以外，是次活動亦能顧及第一、第二層資優教育模式的理念，包括為學生提供增潤學習的機會，發掘學生在創造力、明辨性思考、解難或領導能力方面的潛能；與及為能力較高的學生，提供專科或跨學科的抽離式培育計劃。

語文學習串連景點參觀及互動交流

透過澳洲當地語言教師的悉心指導，讓一群英語能力不俗的學生得到一些新的學習體驗，包括學習特別的澳洲式英語詞彙，並透過課堂學習及考察活動認識到澳洲的社會文化。此外， 學生更分成不同的小組，跑到街頭訪問澳洲的居民，了解他們對社會政治、經濟、民生及生活方式等各方面的看法。根據香港教育局的資優課程框架，教師把課程加深較廣，達致學習上的增進效果，屬於培養資優學生的一種有效策略。

天水圍循道衛理中學的陳俊平同學有以下體會：

「很感激學校給我這個機會到澳州作考察及交流，能親身到悉尼大學與當地老師交流真的很難得，更珍貴的是與其他兩間香港學校的學生一起經歷十天處處有驚喜的行程。在整個旅程中，很感激老師的照顧以及引導我思考所見的一景一物，例如透過考察悉尼和墨爾本都的唐人街，可見華人漂泊歷史，他們即使身處異地，但亦不失中國人熱情好客之道。荀子在《勸學》提到「故不登高山，不知天之高也；不臨深谿，不知地之厚也；不聞先王之遺言，不知學問之大也。」在澳洲的整個遊學當中，除了讓我樂在其中外，也令我獲益良多，尤其是當地的歷史、地理和文化等，原來世界那樣大！」

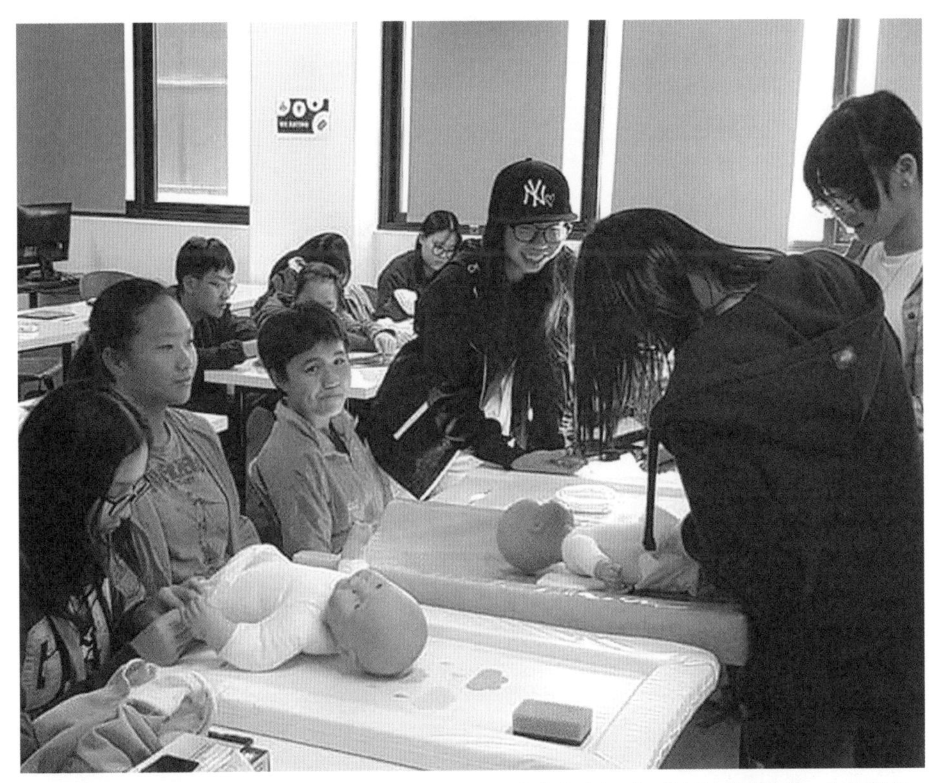

透過澳洲當地語言教師的悉心指導，讓一群英語能力不俗的學生得到一些新的學習體驗，包括學習特別的澳洲式英語詞彙，並透過課堂學習及考察活動認識到澳洲的社會文化。（作者提供）

企業及社福機構考察作為課堂學習的延伸

為了讓學生更了解澳洲的社會福利事業、經濟發展及商業活動，我們也走訪了救世軍、咖啡室和售賣演唱會門票的娛樂公司。集合不同人士和機構提供的資源支援學生學習，讓學生明白社會不同人士的想法及生活取態，加深學生對世界的思考及領受。

港澳信義會慕德中學的Hung Ming Kit同學在探訪戒毒機構後便有以下的感受：

"Nowadays we see a lot of people taking drugs and many of them are teens. The number never stops increasing. In the Salvation Army, the four people we met were all drug addicts in the past. They were not being loved and they fell for the drugs. At the Salvation Army, they all shared their own stories to us, how bad taking drugs is, and how hard that they leave the drugs. Their stories are not only touching but also thought provoking. We also knew about that how Salvation Army helped them. After they won over the drugs, they realized that the world is amazing, and they knew that they are so loved."

透過服務學習培養學生的社交情景特質及領袖才能

是次活動也加入了一項幼稚園義教服務學習活動，學生們分成不同的小組，每組成員來自不同學校，他們要一起設計適合不同年齡小朋友的活動，並到指定的幼兒園試教。這個活動着重啟發學生思考、培育創造力及個人與社交的能力。

這活動除了考驗學生的協作能力外，亦讓他們嘗試了如何作出應變。 天水圍循道衛理中學的鄺梓鋒感受到：

「縱使到幼兒園的服務學習的活動有點變動，但是我們依然堅持到最後，完成幼兒教育的活動遊戲。真的要感謝老師及同學的陪伴和支持！

面對喜愛自由及自主學習的澳洲小朋友，妙法寺劉金龍中學的一位同學便有以下的反思：

"I've seen a huge different between the education system in Hong Kong and Australia. The education in Australia is so free and it encourage kids to develop their own interest. There is not a formal lesson, instead of sit down and learn different knowledge, the school are more prefer to go out and learn other things in daily life. Like there are walk outside to learn about the Anzac Day, the kids have learnt to respect this history and remember it. Also, the kids are stronger in both physically and mentally because of the nice education system. It is totally different from Hong Kong. Under the system, kids in Australia are more active and they enjoy learning new things. As I observed, kids there was more willing to take part in different part because they are encouraged by the teacher to speak and ask so they will not be embarrassed to take part."

結語

香港教育局指出資優教育的任務是要有系統、有方向地發掘和培育資賦優異的學生，為他們提供適切的教育機會，使他們能夠在富彈性的教學方法和環境下，充分發揮個別潛能。透過是次學習活動，筆者和幾位富熱誠的香港教師都有着很深入的體會。我們幾人都不是施教者，大家的角色皆置放於如何集合不同人士或機構支援學生，創造特別的學習環境，讓學生突破自我。我們也相信跨境和聯校學習能營造很好的學習場景，希望將來可朝着這方向構思更多有意義的學習活動。

2019年5月15日

我們的綠寶石幼稚園

綠寶石幼稚園的由來

今年的2月22日是筆者機構HEI Schools Australia的綠寶石幼稚園HEI Schools Emerald Early Learning Centre 成立一周年紀念。幼稚園的名字取自芬蘭HEI Schools（該品牌由University of Helsinki創立）。Emerald是幼稚園所在地，墨爾本Emerald區。Emerald的中文意思是綠寶石，這個區充滿着一片翠綠的林木，跟綠寶石這個名字也相當脗合。

改革前的困境

HEI Schools Emerald幼稚園的前身是一所名聲不佳和學校組織鬆散的幼稚園，簡單來説有下列一些不太理想之處：

學校以Childcare命名，以提供0歲至12歲的托兒服務為主，除0-5歲之日間托兒服務外，學校每日早上6:30至8:30及下午3:30至6:30更為當地小學生提供課前及課後托管，好讓由上午9時至下午3時的小學生得到照顧；

學校未能達到澳洲幼兒教育學習指引的要求，包括建立學生的身份認同、社區聯繫、學習投入感及溝通能力方面；主要原因是學校聘用太多兼職人員及臨時工作人員，在師資不穩定的情況下令學校未能提供有系統的學習經驗及教育服務；

學校領導層由前僱主領導其女兒，再由女兒指揮校長，領導風格大致屬於官僚體系及有小團體的文化。因前僱主年邁，女兒又不太用心經營，學校運作結構變得十分鬆散。

改革的過程及措施

針對以上各點，我們採取了以下的措施，進行以下幾點的改革：

學校以Early Learning Centre 重新命名，目標0至5歲的小孩作為主要的服務對象，6至12歲的課餘托管服務逐步停辦；

針對身份認同方面，加入本土文化和多元文化意識及德育元素；

對於溝通能力方面，加入音樂、藝術、身體語言及語言教學活動，因為這些都是溝通和表達能力的基礎；

為增進學生在學習投入感方面，我們透過遊戲進行語言、數學、科學及環境的教育活動；有關活動由芬蘭專家設計，並有數月的芬蘭專家駐校培訓；

面對師資不穩定方面，我們聘用了許多固定員工（permanent staff），讓家長每天也看到穩定的教學團隊，使家校溝通更暢順；

學校領導由以權力為中心的領導轉型為團隊型的領導，校長按每項職能跟不同

展望未來，我們希望能更進一步改善HEI Schools Emerald Early Learning Centre的教育服務素質及塑造更以人為本的學校文化，令到這所綠寶石幼稚園繼續閃耀。（作者提供）

的管理團隊互相合作。為此，我們亦聘請了課程專家、學校推廣專員、財務經理、人事經理及營運經理，更加從芬蘭聘請專業的協作教學顧問，務求把過往鬆散權力結構轉型為富有團隊型文化及創新型的學校領導模式。

改革的成效

改革進行了三個多月後，我們已感覺到學校的氣氛、士氣、家長的滿意程度不斷提高。學校的原學生主要來自基層，但陸續有不少專業人士的孩子入讀我們學校，當中有些家長更是教育的專業人士。

去年12月我們更接待了一群由香港中文大學帶領的香港幼稚園同工到訪學校，他們對實施的課程及學校措施都有正面的評價。當中最喜歡的教學活動包括：Our Toddler Cafe，Star of the Week，Expressions of Emotion and Feelings及Educator of the week等正向教育活動。此外他們亦很喜歡我們的體驗式活動、藝術工作坊及頻密而恒常的的戶外教育和考察活動。

往後的展望

展望未來，我們希望能更進一步改善HEI Schools Emerald Early Learning Centre的教育服務素質及塑造更以人為本的學校文化，令到這所綠寶石幼稚園繼續閃耀。此外，HEI Schools Lara Early Learning Centre亦剛剛開校了。未來一至兩間，我們會繼續於澳洲悉尼、墨爾本、Geelong及Baw Baw的社區辦學，希望能不斷吸收經驗，不斷改進辦學水平。

2020年5月15日

各位如欲與余老師聯絡，可用電郵 kenyukamming@yahoo.com

作者簡介

梁振威，香港教育學院前中文系講師，現為香港教育學院院校協作與學校體驗中心顧問及兒童文藝協會會員。從教40年，曾於本港中小學、男童院及懲教署執教。主要著作有《小學中國語文課程與教學》（與李子建教授合著）及《圖解中國國情手冊》（編輯），曾擔任出版社中文科顧問及小學中國語文教材作者。

升中面試的錦囊

踏入1月，小六學生的升中進入了行動的階段，家長和同學開始緊張了。升中行動的第一階段是按「升中自行分配學位」，選擇兩所心儀的中學遞交申請表，然後準備面試。

升中面試，是入讀心儀中學「命運在我手」的唯一機會。若孩子順利過關，家長就可放下心頭大石，安枕無憂，孩子也消除了內心重負，放開心情迎接未來六年。因應同學要面對面試，小學會為同學安排升中面試講座，提點同在面試時要注意的事項。有些學校更會為同學安排模擬面試，讓同學對面試有實質的經歷，以期同學能在面試時有好的表現，順利過關。至於中學，則會在中一入學簡介會回應家長對面試的提問，約略講述有關學校的收生的標準、甄選和面試的過程。由於家長們心儀的中學大多是英中名校，此等名校的學位一向緊張，今年的情況更甚，原因是大部分中學都安排在3月14日進行升中面試。倘若家長和同學都以某中學為第一選擇時，他們絕不會放棄參加「第一心儀」的面試，於是他們共同的第一心儀中學便會出現極為激烈競爭。同樣，在中學方面，為甄選到「全方位高素質」的精英學生，除針對同學在小學的學習成績和他們參加公開比賽的表現作出嚴格篩選，安排同學面試外，更會在面試時向同學提出一些刁鑽和有特定目的的面試問題，以甄選出最符合學校要求的學生。也就因為這樣，很多家長都不惜重本，安排孩子參加「升中面試訓練班」。可一般「面試訓練班」的課程所注重的是一些基本技巧，如説話的語調、應對的態度、如何回應面試的問題、及對一些問題的參考性回應為重點，這能否在面試時讓同學有出類拔萃的表現，實在難以保證。

升中面試所涉及的持份者是升中的小學生和甄選學生的中學。對中學而言，面試的目的是篩選和了解考生。是故面試的題目設計會傾向了解考生的背景、學習態度、潛

各位家長，幫助孩子有信心面對升中面試，把升中面試「複雜簡單化」吧，重要的是讓孩子清晰自己的目標——「我要升讀這中學」。（灼見名家圖片）

質、能力和一般常識，同時也會透過面試，評鑑考生行為舉止和應對能力。對於參加面試的同學，只有一個目的，是「我要升讀這中學」，要達到這目的，他們在面試時，必須贏得面試考官的青睞。

面試時要表現出誠意

同學要贏得到考官的青睞，首先要做的，是能在面試時，表現出誠意。要表現出誠意，就必須充分的了解面試的學校。幫助孩子充分了解面試的學校，家長或老師可列出一些項目，例如辦學理念、校訓的意義、學校對學生的要求、學習的科目、學校的活動，請孩子就相關的項目，對面試學校進行導學性的資料搜集，資料搜集必須親力為，家長切勿為孩子找答案，因為需要面試的是孩子本人，孩子親自了解，在面試時的反應，會比背誦答案來得有信心。

要得考官青睞，給你評高分，最重要懂得推銷你自己，展示自己的才華。據筆者了解，絕大多數的面試考官都會請同學簡單的介紹自己。面對這提問，同學的一般回應是「我叫XXX，今年12歲，我是XX小學的六年級學生，我在學校是風紀，我參加了很多課外活動和校外比賽，並且拿了不少獎，例如……我的興趣是……」這樣的回應，同學是在推銷自己，但對於這模式的答案，考官聽得麻木了，也感覺不到你是有智慧的推銷自己。假如你能這樣開始：「我叫XXX，一個快要升中的同學，我是一個動靜皆宜的人……」然後因應你的「動靜皆宜」，作為重點性的介紹你自己。這樣的應對，是不是更有效的推銷自己？

面試的時候，考官向同學提問的問題，是會有陷阱的。假如考官問你：「你覺得你最差的科目是哪一科？」若同學的回答是「我最差是XX」，然後考官會追問「你會怎樣提升這科的成績？」應對這一類的問題技巧，是澄清，不是回應。能獲得面試考官「青睞」的可能回應是「我各科的成績在級內是排在前頭的，在各科中，當中的XX科比其他科稍為低一點，但都是在級內排在前頭。沒有最好，只有更好，日後會這樣提升這一科的成績……」這樣的回應，澄清了你沒有「最差」的一科，也推銷了你有良好的反思能力。

面試時的成功之道是真正的誠意、有效推銷自己及恰當的澄清。當然還要在回應時的自信的態勢，恰當有禮的舉止。各位家長，幫助孩子有信心面對升中面試，把升中面試「複雜簡單化」吧，重要的是讓孩子清晰自己的目標——「我要升讀這中學」。

2020年1月23日

淺談DSE刪除聆聽説話卷後中小學寫作教學的發展

學校課程檢討專責小組（下稱小組）於6月28日發表檢討中小學課程諮詢文件（下稱文件）。文件就中學課程提出多項改革，有關中文科的課程，文件建議「需減少考試卷數及/或簡化校本評核。逐步從小學至高中，在課程中加強文學和經典作品的學習」。小組建議中文科刪去聆聽及/或説話卷，以減輕學生課業負擔，讓同學騰出更多時間及空間學習其他知識。小組建議刪去聆聽及/或説話卷，自有其原因，筆者不在此作出評論。筆者所關心的，是本港中小學的教與學，特別是語文科，從來都是考試主導。小組建議刪除聆聽及/或説話卷後，本港中小學語文科的課程，是不是沒有了考試主導這魔手？若語文科仍然是「考試主導」，那中小學的語文教學，特別是寫作教學，又會朝哪方向發展？要回應這問題，我們得先了解語文科的公開試評核要求。

據考評局的相關文件（2016-HKDSE-CH LANG），中國語文對考生評核的主要目標為：

(1) 讀寫聽説能力、思維能力、審美能力和自學能力；

(2) 語文學習的興趣、態度和習慣；

(3) 文學、文化素養和品德情意；

(4) 對家庭、國家和世界的責任意識。

考評局的評核考生模式，分為公開考試及校本評核兩部分。按現行中文科評分的比重安排分別為：

卷一 閱讀能力24%； 卷二 寫作能力24%；

卷三 聆聽及綜合考核 18%； 卷四 説話能力（口語溝通） 14%。

按小組的建議，若取消卷三及卷四，評核的評分，除校本評核的20%外，閱讀和寫作兩卷，共80%，故考生在這兩卷實在不容有失。據香港學生在PISA的表現，閱讀還是挺出色的，故在刪除聆聽及/或説話的評核後，省下來的課時，老師或會用在寫作教學上。

針對考生在考核時的表現，中學的寫作教學發展會強化學生的構思、表達、創作等寫作能力，特別在基礎知識、常用文體知識、寫作訓練與修改方面作出訓練。老師或會按校本情況，回應小組的「讓學生更深入鑽研該科，學習中國文學和中華文化」（《學校課程檢討專責小組——諮詢文件》2.16）的建議，運用高中指定文言文12篇，針對文學、文化素與和品德情意，以中國古代的哲理，協助他們積累文化素與品德情意，於寫作時構思出實質的立意。

刪除聆聽及/或説話卷後，課時鬆綁了，老師有更多的時間，與學生深入討論及分析評級示例例文，讓學生清晰評核的要求，從中掌握寫作拿高分的竅門與技巧。寫作教學或趨於「範文引路」的模式。作文教學的發展，也更「應試」。

全人發展的重要一環

相對中學，小組對小學課程的檢討，特別是聆聽及/或説話的評核，並沒有提出任何意見。對於課程，只簡單的説「中華文化源遠流長，中國文學作品和文言經典是文化瑰寶。我們認為有需要盡早由小學階段開始，培養學生欣賞中國文學作品和文言經典的能力，然後在中學階段逐步加強這方面的培育，從而打好語文基礎，提升學習興趣。」前人指出，文學與作文的關係，乃「由心而誠，由誠而言，由言而詩也，三者相為一。情動於中而形於言，言發乎邇見乎遠，同聲相應，同氣相求，雖小夫賤婦，孤臣孽子之感諷，皆可以厚人倫、美教化，無他道也。」（《楊叔能小亨集引》金•元好問）流傳至今的中國文學，也是「厚人倫、美教化」，小組提出「培養學生欣賞中國文學作品和文言經典的能力」是合理的，這是全人發展的重要一環。

配合小組「進一步彰顯全人發展的重要性，並創造空間以促進學生均衡發展」的方向，小學作文的課程發展，除了寫作知識和技能外，更重要的是結合生活事件，強調寫話。國內小學的寫作課程分為四個階段：

階段一：能不拘形式地寫下見聞、感受和想象，注意表現自己覺得新奇有趣的或印象最深、最受感動的內容；

階段二：懂得寫作是為了自我表達和與人交流；

階段三：寫作要感情真摯，力求表達自己對自然、社會、人生的獨特感受和真切體驗；

階段四：為學生的自主寫作提供有利條件和廣闊空間，減少對學生寫作的束縛，鼓勵自由表達和有創意的表達。（引自《全日制義務教育語文課程標準》）

縱觀國內作文課程的四個階段，作文課程除結合生活事件作為寫作內容外，更重要的是「説」。筆者覺得，小學的寫作課程立根於「説」，中學的寫作課程，也該是「説」的延伸與發展。DSE刪除聆聽及/或説話卷的評核，並不是可以不推行説話教學。

2019年9月11日

作者簡介

陳家偉，資深教育工作者，哲學博士，對中國文化、生命教育、品德培育及資優教育都有豐富的經驗。近年，陳博士提倡道德文化智能和宗教心靈智能以充實加德納提出的多元智能理論。曾在香港理工大學及北京清華大學進修國學，亦師從國學大師霍韜晦教授，以弘揚中國傳統文化為己任，及後創立仁愛校長會並出任創會會長，弘仁傳愛。一生志在教育，曾在中小學任職逾30年，出任校長近20年。勤於筆耕，著作甚豐；樂於分享，在電視、電台及網上媒體都可見他的身影。

談仁與愛

我們是中國人。中國位於亞洲，文明始於四、五千年之前，主要在黃河及長江流域一帶。我們的先民在這片土地上和大自然搏鬥生存繁衍；日積月累的生活經驗，慢慢地從洪荒蒙昧時代，發展自身的獨有文化，一代一代承傳下來，成為一個體系，就是今天我們的中華智慧。

做人，要有個立足點，有根有本，才可以穩固自己，挺立於世；不致被欺負，不致被淘汰或消滅。在漫長的歷史長河中，曾有無數的民族文化都被邊緣化，甚至消失得無影無踪。有不少是一度輝煌的文化，亦被野蠻民族所消滅，劣幣驅逐良幣是無奈的，也是人類的損失。

中華文化實在是源遠流長和博大精深，盛載着許多寶藏，更可說是世界的文化的遺產。我相信祖先留下來的傳統不一定是過時的，落後的；反而許多價值是永恒的，經得起時間的考驗，值得我們承繼和發揚光大。

仁是做人的宗旨

但中國文化的核心是什麼呢？這是一個不易能簡單地回答的問題。我認為《易經》可以說是中華民族最早的智慧載體，總結了天、地和人之間的關係，《易經》的主要精神是勤和德——「天行健，君子以自強不息；地勢坤，君子以厚德載物」，勤奮和「包容是兩大核心價值，也是人要配合天地的法則，做到「和而不同」及「天人合一」的境界。

孔子是位集大成的關鍵人物，總結了夏、商、周三代以來過千年的智慧，開出儒家的思想體系，他繼承了周公的人文精神，開創了仁的概念；《論語》中有120多次提及仁，如何才可以達到仁，或近仁的境界。仁是一個不斷追求的境界，他以德行著名的

仁愛校長會希望把中華文化中的仁和基督宗教中的愛推廣，揉合中西思想的精粹，做到愛己、愛人、愛萬物、愛神明的境界。（Wikimedia Commons）

弟子顏淵也只能做到三個月不違仁，而其他一般的弟子，或許只能在一兩天能守仁；孔子所說的君子，就是具備道德自覺的人，自己會要求自己、發展自己、約束自己，然後才可以影響他人，成就他人，即「推己及人，立己及人」。仁就是做人的宗旨，德就是治國之道。孔子之後，孟子將仁擴展至仁、義、禮、智四項德行，而中國的各種德行從此展開。但仁是核心中的核心，植物的種子就是仁，例如杏仁，仁就是生命發展的能量。

我們除了認識自己的本之外，我們也必須要擴闊自己的眼光和胸襟，認識世界不同民族的文化，不可固步自封，在林林種種文化當中，基督宗教的影響極為深遠，可說是歐美等西方國家的價值觀所在。基督宗教主要包括猶太教、天主教（大公教）及基督教（新教）三大主要宗教。

愛是要實踐的

愛是基督宗教的核心思想我們常聽到「天主是愛」及「神愛世人」等信息。天主愛人甚至將祂的獨生子耶穌降世，最後被釘十字架，以聖體聖血洗淨了世人的罪。這個救贖工程，彰顯了天主的愛。信、望和愛是三項最核心的教義。基督宗教是一神的宗教信仰，凡事要信靠天主，以天主為依歸，望是凡事盼望，帶着積極樂觀的心去生活。凡事天主自有其安排和美意，令人可以免於煩惱和憂慮。

但愛是要實踐的，信徒要過着基督徒的生活，以彰顯天主的臨在和同行。愛人就是愛神，是神所喜悦的事。根據《聖經》：「愛是恒久忍耐，又有恩慈；愛是不嫉妒；愛是不自誇，不張狂，不作害羞的事，不求自己的益處，不輕易發怒，不計算人的惡，不喜歡不義，只喜歡真理，凡事包容，凡事相信，凡事盼望，凡事忍耐。愛是永不止息。」基督宗教對於愛有較明確的解釋。

仁愛校長會希望把中華文化中的仁和基督宗教中的愛推廣，揉合中西思想的精粹，做到愛己、愛人、愛萬物、愛神明的境界。校長是一所學校的靈魂，校長之間可互相學習，互相扶持。而做到「以友輔仁、以愛傳愛」的宗旨。所謂「三人行必有我師」，校長會的成員有來自幼稚園、小學、中學和特殊學校的校長，大家都希望把仁愛的品德能從小做起，承傳薪火，把人類高尚的和神聖的精神傳揚下去。

2020年1月17日

一場疫戰的感悟

我沒有經歷過大型的戰爭，但讀中史和世史都知道有第一次世界大戰、第二次世界大戰、美蘇的冷戰、還有韓戰等；每次大戰，都死傷枕藉。17年前（2003），我們經歷了第一次「無聲的戰役」，令299名香港市民在三個月內不幸離世，受感染者為數過千，更要長時間才可康復。三個多月的疫情令香港的經濟和民生付上沉重的代價，樓市股市大跌，旅遊業不振。後來，社會各界奮發，加上內地的「自由行」政策，香港的活力得以恢復，百業也迅速回復生機。

17年前，香港的醫護系統受到嚴峻的考驗，幸好，我們有好醫生及有心有力的前線醫護人員，緊守出崗位，大家熟悉的名字包括高永文醫生、袁國勇教授、沈祖堯醫生、陳馮富珍醫生和已故的謝婉雯醫生；前四位醫生之後各有不同的發展，在不同的崗位上繼續發熱發光。謝婉雯醫生的事跡更感動了香港人，被世人尊稱為「香港的女兒」，她的離世（其實是殉職）也感召了一群想貢獻自己，服務大眾的年輕人加入醫生的行列。

當內地及港澳地區的疫情已稍見受控，豈料病毒卻在全球擴散，歐美、亞洲及中東差不多無一國家倖免。（Shutterstock）

17年後，新一場無聲的病毒戰又悄然出現，如上次一樣，中國的武漢首當其衝，由1月起受感染愈發嚴重，中國及香港政府的應對「如常」受到批評，但許多措施現在看來也是迫不得已的。畢竟，兩地都曾飽受上次沙士病毒的煎熬，知道防疫不可以掉以輕心，必須要嚴陣以待，上下一心，方可成功打斷病毒的傳播鏈。

香港很快就受到影響並立即採取相應措施。香港的醫護專家是卓越的，很快便進入狀態，追查染病的源頭，並立即把確診者及密切接觸者隔離跟進，避免了大規模的社區擴散。兩個月過去，我們能守住感染人數在300人左右，以香港這樣人煙稠密的人口計算，已經很了不起！

弔詭的是，當內地及港澳地區的疫情已稍見受控，豈料病毒卻在全球擴散，歐美、亞洲及中東差不多無一國家倖免，當中以意大利和瑞士等國家的情況更嚴重。截至3月20日，全球已有30多萬人感染，死亡率也不容忽視，現時全世界有10億人被迫在家工作或在家學習避疫。

教育界前所未有的挑戰

前陣子，英國的IGCSE考試宣布今年停考； IB也在3月23日宣布相同的措施以保障全球的考生。日前，香港教育局也宣布DSE延遲一個月，並取消中、英文兩科的口試，我估計也有全面停考DSE的可能性，反正，西方國家已採取這果斷的措施，不怕被人批評而卻步。

兩個月的停課已對教育界帶來前所未有的挑戰，而大部分的學校都能妥善應付。疫戰當前，無論老師、家長和學生都明白非人力可以在短期內可以解決的，所以網上教學、Zoom teaching等教學方法都應運而生，而且教者和學者都漸見接受和適應。「物競天擇，適者生存」，沒有辦法的辦法也要去用，不想戴的口罩也要乖乖戴上。

對學生而言，今年要應考DSE的中六學生受到最大的影響，由上學期的社會事件，到下學期的疫症停課，心當然是會忐忑不安，畢竟是未來的前途，影響將非常深遠。另外，香港的中小企，各行各業均大受打擊。為人熟悉的大眾書店也被迫全線結業，令人不寒而慄。對我而言，我最擔心的是幼兒教育界，尤其是沒有參加15年優質幼稚園計劃的私立幼稚園的生存呢！

必須同舟共濟，彼此合作

這次疫症已蔓延全球，又為世人上一堂寶貴的一課。首先讓我們深切體會人與人之間及國與國之間都是生命的共同體，必須是我中有你，你中有我，不能幸災樂禍，也不能獨善其身，必須要同舟共濟，彼此合作，才可以同度災劫。其次，人類和眾生萬物也是眾生共同體，對待大自然必須有恭敬之心，不可濫殺，殘害動物，或罔顧生物的利益，每種生物都有其天賦的生存權。佛教的菩薩拯救世人，「大慈大悲」、「救苦救難」、「救人即救己」，只有世界好，人才會好呢！

2020年3月24日

作者簡介

陳章華，中華基督教會基華小學校長。2000年投身教育界，2015至2019年曾擔任中華基督教會方潤華小學校長。早年於香港大學取得教育學士（應用資訊科技於教與學），其後繼續進修，先後取得漢語語言學碩士及基督教研究碩士。近年來較多關注教育政策、課程發展、語文教學、學生成長等課題，並曾就有關課題及政策發表文章。

旅程側面的教育

機場的所見

早前有機會與十數位學生一連四天到台灣作藝術交流，在這裏分享當中的幾個片段。説的並不是去了那裏，學到什麼，而是一些生活點滴。

早上在機場集合的時候，同學們已經準備好所有需要的東西，首先是電話卡，分別有電話已有漫遊服務的，也有家人已安排好另一張供更換，而無需等待到酒店才有無線網絡使用。其次是新台幣，他們已準備好「足夠」的「盤纏」，也許是家長擔心當地兑換不便，但比我預期的還多，也不像我們這些慣常到台灣才兑換。也有孩子因住得偏遠，家中爺爺嫲嫲接了他到酒店住宿一晚，然後早上送他到機場。

要回應愛你的人——感恩

就着這幾天的觀察和與孩子的互動，那三天的晚上，我都跟孩子們作個總結。

第一天告訴同學們要感恩，他們能夠來得到台灣，是幸福的一群，因為更多的同學來不到。他們的家庭為什麼不讓子女參加呢？我們不知道，可能覺得如果用這些花費，放在其他地方可能更乎合家庭需要。然而參與這個交流團的同學父母，為什麼又讓他們參加呢？他們的家庭也有其他需要，而且名額有限，但仍然讓他們參加，就是因為家人重視他們的需要，簡單來説，就是愛他們。同時回應我在機場所見，我告訴他們，校長第一次離港交流已經是19歲，自己旅行也已是出來工作的時候了，但他們當中已有好些去過台灣數次。所以，第一需要懂得感恩，並有適當的回應，例如跟父母説多謝，買一些手信給他們，並跟他們説"I love you "。

盡量不要麻煩別人——同理心

第二晚希望他們能夠盡量不要麻煩別人。乘搭飛機時，不少旅客都會詢問機艙服務員拿取毛毯、枕頭。有孩子看見別人詢問機艙服務員拿取汽水，於是他也有樣學樣，也許過往家庭旅行時也有類似的習慣吧！乘搭旅遊巴時，導遊說使用房間的注意事項，說到床鋪、毛巾、牙刷、沐浴露和垃圾等，我們整個團有百多人，只要每人用一次，三天每樣東西就要換480次，不但耗費資源，也勞煩了別人，所以如果自己有帶備，就不要用酒店的；如果可以的話，垃圾盡量執拾妥當，保持房間整潔。有孩子因為電視遙控不好用，向領隊尋求協助，領隊說沒問題，讓他先處理其他團員的事再回來幫他。於是在晚上總結的時候，我教導他們，你看看領隊到處走來走去，還要服務其他人，如果不是必要或急需，就別打擾人了。無論是機艙服務，還是酒店房間的使用，我們並不是不可以享受那些權利，但是首先要考慮自己是否真的有需要，而且更要考慮會否勞煩到別人，使別人額外花太多心力。有些孩子聽到這裏面露不解之色，我說，凡做每件事情，如果是在要求人、或是和其他人有關係，都要有同理心，考慮對別人的影響。例如我們的飛機上大概坐了多少人

同學們能夠來到台灣，是幸福的一群，因為更多的同學來不到。（Shutterstock）

呢？200人左右吧，那麼服務員有多少個呢？5、6個吧，即一個服務員大概要照顧40多個乘客，而如果一個要可樂，一個要雪碧，一個要蘋果汁，老人家要喝茶，另一位又要暖水吃藥，有一個覺得太熱要冷開水，還要記着每位乘客的位置……如果是同學自己，又能否做得到呢？這樣，他們才點點頭。

餐桌禮儀——禮讓

第三晚跟他們說餐桌禮儀。看了幾次孩子們吃飯的情景，不得不提。我說當有餸菜送到面前的時候，理應先給長輩（例如老師）起筷，同時也應主動替其他人盛飯舀湯，還有也要留意想吃的不一定要多吃，要等，要讓，甚至讓人吃光。說到這時，有孩子「吓」了一聲。我很明白那一聲「吓」的意思，但我仍說是呀，這可能有點困難，尤其遇到想吃的東西。不過這又不是最後一餐，我們也不會餓死，每日三餐，一年有3 x 365日那麼多餐，總有機會再吃呀。然後又借題發揮，「也許你會覺得很蝕底，但世上有一個人最蝕底，知不知是誰？」於是又再簡單說一遍基督教的救恩。為什麼要服務他人，放餐具盛飯，甚至夾餸菜給別人呢？因為《聖經》裏主耶穌也是這樣教導我們，他們即時懂得回答為門徒洗腳。我說：「那麼你做這些同洗腳哪樣容易些？」

教育在現場

三晚完結都和他們祈禱，看見他們有時很專心又點頭，已經很好。教育是很奇妙的東西，是要將很多不同的東西互相連結，將知識、技能、態度彼此產生關係，從而讓學習者能分析整合總結，綜合運用在日常生活之中，發生的場景不一定在教室，也可以在人與人之間的相處之中，知識最後如能連繫回到價值觀或學校辦學理念之時，那就是實踐真實的教育。這趟旅程，我還沒說到實際的交流活動，單單寫側面的生活點滴，正是因為學習就在生活當中。

2019年4月18日

學校是解決一切問題的答案？

人們都說學校是學習的地方，其實不是，或說不只是學習的地方。學校要處理的事情很多，除了日常教學，學校為了學生的福祉，直接或間接協助政府各部門處理不少事務，例如近年新增添的流感疫苗注射，學校要安排各項行政事宜。以往從學生家庭申請書簿津貼、領取綜援、防疫注射、學生健康和牙科保健計劃等基本福利，學校一直以來都是一個重要的協調角色。而由於現時學校已由半日制轉成全日制，學校便需要處理學生的膳食問題，每隔兩三年進行招標挑選合適的供應商。基本上，由於學校有最大群的兒童及青少年，因此有關子女的任何議題都可以在學校發生，例如健康方面，除了一般保健性質的活動安排，前幾年發生的食水安全，以及近日的催淚彈殘留物問題，還有不時會發生的午膳食物安全等問題，日常定期需處理冷氣機、地毯清洗，夏天需要留意滅蚊工作，突如其來的蟲蟻鼠患，颱風到來時的樹木安全狀況等等，都需要小心處理。

老師工作繁多

為了安排學生各項的服務，學校每年都需要發出多次的報價及標書，在符合教育局及各項條例要求，如超過20萬的標書必須通過由校監、校董、教職員、家長成立的委員會，並交由法團校董會通過。這些服務包括：校服供應、午膳供應、校車供應、書簿供應、課後輔導、課外活動（數十個項目）、技術支援、學校清潔、遊學團、學習支援等。還有由於學校有不少的群組，如新移民、非華語學童、特殊學習需要學童、綜援家庭等，教育局為這些學童提供額外津貼給予學校，為學童舉辦活動。津貼的主要對象需要屬於上述群組，因此學校在安排活動

學校不會因為增加了撥款，增加了課程，增加了老師，然後一切便沒有問題，否則孩子也不用我們操心教導了。（Shutterstock）

時也可能有其他參與者，在編配及行政上其實有一定的限制及困難。學校也需要留意各項用款有其特定的時限，以及特定的用途，有些可以與其他撥款合用，有些只能購買硬件，有些只能聘請人手，各有不同。

因應社會發生的事情及需要，學校亦不時會有新政策推展，一般配合撥款，例如自從發生了學校管理問題後，本年度教育局亦發出了對校監、校董的進修要求。以往則有「發放推動中國歷史及文化一筆過津貼」、「加強學校行政管理津貼」、「一校一社工」、「一校一行政主任」、「在小學推動STEM教育的一筆過津貼」、「姊妹學校計劃」……學校推行新政策，必然配合教師工作分工，學生學習，如何從指引化為課程，從撥款而成為學校有用的資源，這是教師們經常費心的事情。於是，每年學校各個行政單位及各科組別均需撰寫計劃及報告，監察及檢討學校各項的策略成效，然後每三年訂立新一個周期的工作大綱。

說了那麼久，上述的工作全都是由學校的教師和校務處幾個職員處理。未提及的還有日常的教學，教師們要保持教學素質，每周共同備課，批改作業、擬測考卷、聯繫家長、照顧學生、建立班風、管理秩序、訓導善誘、面對投訴，放學後負責課外活動，假期可能需要帶隊比賽、籌備開放日、帶交流遊學團等。

學校誤人子弟？

花那麼多篇幅並不是想透過這個空間向外界訴苦，上述所提到也不過是老師工作小小的一部分，實際上學校要做的和面對的事情更為瑣碎複雜。我想說的其實是學校沒有做的事：

學校不會教學生說謊欺騙，總是教孩子們真誠待人；學校不會教學生爭吵打架，總是教孩子們以禮相待，和睦共處；學校不會教學生貪心偷竊，總是教孩子知足常樂，慷慨分享；學校不會姑息過錯，總是教孩子承認過失，知錯能改；學校不會教學生顛倒是非，總是教孩子明辨真理，追求真善美。

然而，每當社會上發生重大事件，有的人很容易就給予答案，說教育制度很大問題，學校需要加強這方面教育，那方面教育，教師要再培訓云云，這可說是永恒答對的模範答案。學校明明沒有教孩子做不對的事情，但最後總是要學校承擔後果。每逢有人提出學校應加強什麼什麼教育，我就會想像學校給外界是否提供了一個好事不做，誤人子弟的犯罪中心的形象？

這些年，整個教育界推行「全人發展、全面教育」的時候，既是全人，所提供的教育就應是全天候、全方位的了，因此教育發生的場景就在孩子生活的日常，而組成學生日常生活的就是周遭社會。影響學生全人發展的是社會文化、社會制度、歷史、政治、經濟、家庭、傳統、道德觀念、普遍教育水平等綜合因素，不一而足。

作為成年人，或在社會上已有一定歷練的人，我們倒要問自己，在社會的各個崗位上，有沒有做好自己的本分，可以讓我們的後輩跟隨學習，社會上有沒有足夠良好的模範？還是一個又一個令人失望的例子？我們營造了一個怎麼樣的環境給孩子，讓他們可以繼續實踐從幼稚園已經開始學習的「做人之道」？還是我們潛移默化地暗示這個社會有很多很多的潛規則，很多的禁區？

當社會急急忙忙説教育出了問題的時候，是否應先問問這個社會有沒有盡了教育的責任，從上述各個層面表現出良善、節制、正義、饒恕、包容、分享、尊重、平等、友愛、誠實等價值？社會是誰？社會就是你和我。我們倒不如承認成年人的偽善，每每要考慮其他後果而作出不是最誠實決定。我們都知道那隻粉紅色的大象在室內，但我們不説，而當有人像〈國王的新衣〉裏面那個指出問題的小孩時，我們又怎樣回應？孩子永遠比我們真誠，也比成年人受教。因此，請勿輕易説出教育出了很大問題，因為我們説了幾十年，從沒有一年説教育沒問題的，我們不能以「學校應該加強什麼教育」作為自己不用負責的藉口，因為我們每一個都是教育提供者。學校不會因為增加了撥款，增加了課程，增加了老師，然後一切便沒有問題，否則孩子也不用我們操心教導了。我們必須承認，問題不會只是因為學校做了工作就完結，那為何每每都歸因學校呢？

所以，作為社會的一分子，我們不如先反省自己。

2019年12月27日

作者簡介

黃智華，基督教香港信義會紅磡信義學校校長。從事小學教學及行政工作近20年，具有學校管理及領導、推動學與教發展、建立校風及學生支援系統，及提升學生表現等豐富及成功經驗。曾調職至教育局質素保證分部視學組，到不同學校進行校外評核及重點視學工作，故一直熱心推動校本課程、STEM教育及資優教育的發展，以及2016年迄今的小學數學精英大賽擔任主席，籌辦全港性數學活動。

愛讓生命不平凡

「心中有愛，花開不敗。」愛對人類的生命來說，有着非凡的意義。我們的生命之花之所以有着不同程度的綻放，全因心中的愛不斷滋養。因為心中有愛，生命的意義得以彰顯；因為心中有愛，讓生命充滿色彩，為世界增添光輝，愛留存芳香。

美國盲聾啞女作家和殘障教育家海倫•凱勒（Helen Keller）曾說：「把你的燈提高一點，好照亮更多人的路。」她在無光、無聲、無語的歲月中生活87年，但她的世界卻因愛而變得光亮。因為老師蘇利文（Annie Sullivan）對海倫耐心的教導和關愛，她學會讀書和說話，並不斷豐富自己。

海倫•凱勒剛出生不久就成了一個又聾又啞又瞎的孩子。7歲那一年，父母請了一位家庭教師，也就是讓海倫受益一生的蘇利文老師，她與海倫相處達50年。蘇莉文根據海倫的情況，讓她用觸覺來代替視覺和聽覺，在海倫的手心寫下字母和單詞。剛開始的時候，海倫學得非常吃力，因為她無法把抽象的文字和現實的事物連繫起來，往往重複學習幾十遍也記不住一個簡單的字。但蘇利文並沒有放棄，她帶着海倫走到噴水池邊，要海倫把小手放在噴水孔下，讓清涼的泉水濺溢在海倫的手上。接着，蘇利文又在海倫•凱勒的手心，寫下"water"這個字，從此海倫就牢牢記住了，再也不會搞不清楚。海倫後來回憶說：「不知怎的，語言的秘密突然被揭開了，我終於知道水就是流過我手心的一種物質。這個字喚醒了我的靈魂，給予我光明、希望、快樂。」在蘇利文的幫助之下，海倫不但學會閱讀和說話，還以驚人的毅力完成了哈佛大學的學業，並於1904年畢業，成為有史以來第一個獲得文學學士學位的盲聾人士。成年後，她繼續廣泛閱讀，刻苦學習，通曉英語、法語、德語、拉丁語和希臘語五種文字，出版了十幾部著作，獲得無數的表揚，成為著名的作家和教育家。

讓愛譜寫更多的生命之歌

儘管遭遇了巨大的不幸，海倫•凱勒卻把自己的名字刻在歷史的偉大篇章中。海倫能夠走出黑暗，取得崇高的學術成就，除了靠她自己的頑強毅力外，也跟她的老師蘇利文的循循教導是分不開的。海倫說：「我的老師蘇利文來到我家的那一天，是我一生中最重要的一天，是她教我認字，使我知道每一事物都有個名字；也是老師教我知道什麼是『愛』，這樣抽象的名詞。」

蘇利文的愛使海倫的生命成為奇蹟，震撼了人類和世界。偉大無私的付出讓一個殘缺的生命煥發出奪目的光芒，詮譯了生命的意義，也展現了生命最大的韌性。正如《聖經》所說：「如今常存的有信、有望、有愛，這三樣，其中最大的是愛。」（〈哥林多前書〉13章13節）有些人默默地成就偉大事業，默默地為世界帶來幸福。教育工作者就是為善不欲人知，默默地為世界、為他人做好事。即使功勞不歸自己，也要持續勤奮努力，這樣最終一定能夠成就大事。老師盡心盡力幫助學生成長，以愛陶造和澆灌學生的生命，肯定學生的獨特，並且不斷豐富他們的心靈和思想，增添心中的愛，讓愛譜寫更多的生命之歌，讓生命展現它的不平凡。愛的力量得以發揮，是因為許多人的真心付出與攜手傳遞，讓更多的人感受到愛的溫暖，造福更多的人，這就是愛的力量發揮的過程。而我們的生命也會在這種愛的給予與傳遞中被編寫成不平凡的詩章，讓我們的世界變好更美好。

2019年8月22日

蘇利文（右）的愛使海倫•凱勒的生命成為奇蹟，震撼了人類和世界。（Wikimedia Commons）

嘗試做新事情30天

因應新冠肺炎疫情，各地政府紛紛提倡民眾盡量留在家中，避免群聚活動。無論是待在家中、網上學習或是居家辦公，面對難得的長假，除了多走近大自然，更可以規劃和把握時間，嘗試過去做不到的事。當你開始付出行動，改變才有可能發生，顛覆你對人生的定義。

美國軟件工程師Matt Cutts在TED演講中，分享「用30天嘗試做新事物」（Try something new for 30 days），提出了一個簡明的方法，用來思考目標的訂定和實踐。考慮一下，在接下來30天，嘗試去做一些你經常希望在生命中實現的事情。30天剛好是一段合適的時間，讓你養成一個新的好習慣或者改掉一個壞習慣。

是否有些事情，你一直想去做，但就總是……從沒嘗試過？你有感到害怕的事情嗎？你有不敢嘗試的新鮮事物嗎？過去的30天，或許你已做了一些具挑戰性的事情。由於疫情來得突然，許多教師都是在「摸着石頭過河」，一邊嘗試新的教學模式，一邊優化網上教學；家長更是與時並進，配合學校教學，充當補習老師。不少「無飯」人士亦開始入廚煮餸，在家自「煮」抗疫，更可能嘗試烘焙麵包、糕點。從來沒參加過運動比賽，連3公里都沒有達陣過的你，挑戰內心的恐懼，經過這30天，每日用一點點時間練習慢跑，殊不知改善了你的體質，從此以後愛上這項運動。

現今社會對於未來，普遍充滿着害怕。「害怕」讓我們乾脆什麼事都不做，把自己禁錮在舒適圈當中。巴菲特（Warren Buffett）有一句話：「做你沒做過的事叫成長；做你不願意做的事叫改變；做你不敢做的事叫突破！」其實，恐懼跟勇敢是一體兩面，突破自我的限制，嘗試原本不敢做的事情，生命的道路會在不知不覺間變得更加寬廣。不害怕的另一面就是勇敢啊！不是成功後才去相信，而是先相信才有可能成功。生命路途上，需要不斷嘗試，多學、多做、多看、多說、多用心想，這就是經驗的累積。「為什麼不可能？我相信我可以的。」經過這30天，隨着開始嘗試，挑戰一件自己害怕的事，哪怕是多麼小的目標，只要跨出第一步，靠自己做更多，相信自己的力量，自信心也隨之而增強，未來也能依靠自己的雙腳大踏步地前進。

求學問自然不會輕易放棄

有一天，一個學生在課堂上問蘇格拉底，怎樣才能成為像蘇格拉底那樣學識淵博的學者。蘇格拉底就示範了一個簡單的甩手動作，說：「從今天開始，大家每天做300下，能做到嗎？」學生們都笑了：「這麼簡單的事，有什麼做不到的？」

柏拉圖（圖中央左邊舉起手者）做小事能堅持不休，求學問自然不會輕易放棄。圖為拉斐爾名畫《雅典學院》中的柏拉圖和阿里士多德（圖中央右邊）。（Shutterstock）

一個月後，蘇格拉底問學生：「哪些同學堅持了？」教室裏有九成的學生舉起了手。一年過後，蘇格拉底再次問學生：「那個簡單的甩手動作，有哪幾位同學堅持做到了今天？」這時整個教室裏，只有一個學生舉起了手，他就是後來成為著名哲學家的柏拉圖。

故事中柏拉圖做小事能堅持不休，求學問自然不會輕易放棄，做事持續不斷就會帶來變化，不斷嘗試和接受挑戰，慢慢可以把看似困難的事情更容易地堅持做下來。不管什麼年紀，不管任何理由，人人都擁有挑戰自己的無限潛能。嘗試新鮮的事物，不只是給自己一份挑戰，也是給自己一個機會。正如《聖經》所說：「得着智慧的，愛惜生命，保守聰明的，必得好處。」（箴言19：8）

在未來的30天，經歷你喜歡或者不喜歡的事，勇敢克服它，嘗試尋找適合自己的學習、工作或生活方式，形成良好的習慣，堅持下去，樂在其中，哪怕成功與否，已獲得了從來未擁有過的經歷。

2020年5月15日

作者簡介

倫雅文，香港中華基督教會協和小學（長沙灣）圖書館主任，香港學校圖書館主任協會理事，香港大學專業進修學院圖書館及資訊學兼任導師。2019年，獲學校圖書館主任卓越成就獎，另外，於優質圖書網絡嘉許計劃2016中，獲得「閱讀推廣」及「領袖培訓」兩個領域的獎項。2018年，獲香港教育局邀請，拍攝有關閱讀推廣之教育電視節目。於第八屆世界華語學校圖書館論壇（2019），作為香港代表，發表論文。並曾獲香港教育局、香港出版學會等機構邀請，分享閱讀推廣的心得及對閱讀教育的看法。自覺幸運又幸福，因為能每天埋首於書堆中和浸泡在孩子們的笑聲裏。

溫柔的力量：歷史與文化的閱讀

近來在網上看到一個有趣的帖子，內容展示了從秦始皇開始，到清朝最後一任皇帝溥儀，2000多年間，422位皇帝的「群組聊天記錄」。作者天馬行空地想像：如果把中國歷代皇帝全部拉入一個聊天群組，他們會聊些什麼呢？內容參考史實寫成，也頗富幽默感，附有簡單的歷史知識解說。雖然「對話」子虛烏有，但對現今世代慣用社交平台的孩子來說，這樣的描述是很具親和力的。毋庸置疑，我們給孩子們預備一頓歷史文化的饗餮盛宴時，可以找找這種佐料。

考慮到孩子能否明白的問題，我找了一位小書迷來做實驗。看罷，她竟然說：「好玩！最好玩的是『史上最強全家福』。唐中宗李顯一家上下都是皇帝：爺爺是唐太宗李世民，他爸爸、兒子、還有弟弟都是皇帝，這當然也不奇怪。最強的是，連他媽媽都是皇帝——一代女皇武則天啊！這張全家福怎麼拍？哈哈……」到底是愛閱讀的好孩子！想像力一下爆發起來。歷史的閱讀對孩子來說沉悶嗎？其實不然，關鍵在於怎麼去處理它。

親近文化關鍵的一步

很多同學覺得歷史和傳統文化是距離現實生活很遠的東西，或無從入手，或敬而遠之，這是可惜又可悲的。那麼，我們可以為孩子做些什麼？

孩子都喜歡聽故事，故事是把歷史從遙遠的時空帶到孩子身邊的魔法棒，是親近文化關鍵的一步。在孩子的眼光來看，歷史故事有時候就像八卦新聞（舊聞？），反正就是一串串人的故事，不過，如何引起學生對「舊聞」的求知欲，倒是我們得花力氣想想的。同學近來在追看連續劇《倚天屠龍記》，大家說起明教，不如我們也說說明朝。聊到朱元璋，可以說說在他「古裝版實名制」下監工，至今仍

同學近來在追看連續劇《倚天屠龍記》，大家説起明教，不如我們也説説明朝。（電視劇《倚天屠龍記》微博）

固若金湯的南京城牆。班上有幾位打遊戲的高手，於是我們也來説説三國……雖然這不是學史的最終目的，但無疑是很好的起點，帶孩子入門的一個好方法。

除了説歷史故事，也可以説民間傳説、神話傳奇，這些故事該是代代相傳的，承傳風俗習慣，盛載風骨氣節。從前的年代並非人人都能夠上學，但無論豪門貴胄，還是平民百姓，就靠説故事，給一代又一代的、全體的中國小孩，灌輸道德觀，豎立精神標桿，培養出文化的默契。現在，我們面對當代的香港孩子，是不是也應該讓他們對中國歷史有所認知，讓他們有能力進一步學習和探索，才有能力思考和評價，真正地繼承這份全世界獨一無二的的、輝煌燦爛的民族遺產？

每天，我們都在經歷文化。很多時候，我們沒有發現到，就當它不存在。它們藏在平常日子裏，宛如無形，中華文化經過千百年的淬煉，它遺傳在每一個中國人的生活當中。我們教小孩吃飯，舉箸置匙，還要求端碗，這是餐桌禮儀。如果問小朋友，碗裏熱湯燙手怎麼辦？誰都會回答：「要端碗底的圈嘛！」沒錯，孩子你知道嗎？這叫圈足。我們只要多走一步，翻開圖書，還可以順道和孩子遊覽一趟食具文化的風景，圖文並茂。中國人的鍋怎麼長這樣？筷子長七寸六分，一頭圓一頭方，究竟隱藏了什麼秘密？家裏有套青花茶碗，來自瓷都景德鎮……看似遙遠的傳統文化，其實就在我們的生活中、生命裏，只差我們有沒有存一份精細的心情，陪着孩子去發現它、欣賞它。

回到文本，感受文化

我們要帶孩子閱讀經典，回到文本，感受文化。當中，我首選琅琅上口的詩歌。詩是最精煉的語言，最精緻的文學。經歷千年的淘洗，唐詩宋詞為我們留下多少成語典故、文化符號？這都是菁華，是孩子應該吸收的文化營養。

林語堂說：「（詩歌）教會了中國人一種生活觀念，給予他們一種悲天憫人的意識，使他們對大自然寄予深情，用一種藝術的眼光看待人生。」換言之，讀詩歌是情感教育，縱使物換星移，滄海桑田，唯有情是古今相通的，既然相通就能讀懂。讀杜甫詩，能讀到社會關懷。我們讀到王維的「行到水窮處，坐看雲起時」，就想告訴孩子，只要仍然活着，一切都還有可能！詩歌能療癒人們心靈的創痛，讀到李白「長風破浪會有時，直掛雲帆濟滄海」的瀟灑豪邁，就有大步大步地走過去，披荊斬棘的勇氣。看到蘇軾的月亮，我們知道「人有悲歡離合」，那是一種豁達的情懷，是中國古代知識分子特製的「心靈雞湯」。

有人問：經典艱深嗎？有用嗎？艱深的並非詩句本身，而是人生。朱自清說：「經典的價值不在實用，而在文化。文化是比實用更深的東西。」人生這麼艱難，更要將這些瑰寶交給孩子，待他們到了生命的中某個時刻，足以溫暖他的心，陪伴他勇敢前行。

讓下一代浸潤在中華文化當中，以幾千年的智慧積累，滋養出底蘊和氣韻，那好比給他們一支錨，使他們將來在闖蕩世界的路上、漂泊在生命的浪潮中，仍能覓到心安歸處。帶領孩子閱讀歷史、文化和經典，探索饒有趣味的入門路徑，是文化的傳承，是真正的立人。文化的基因，應該流淌在每一個炎黃子孫的血液裏，蟄伏在我們的靈魂裏，只消我們輕輕地，用最溫柔的方法，把它喚醒。

2019年6月6日

同心教育基金會（香港）

同心教育基金會（香港）旨在加強香港校長及老師專業發展、提升青少年教育專業知識研討，並付諸實施，使青少年有更美的、更健康的成長環境，成為具香港心、中國情、世界觀並積極進取的良好市民、國民與公民。

理事會

作者簡介

林偉強，持有電腦工程學士，大學畢業後當上小學教師，曾擔當教育局資訊科技借調老師，多年來積極關注及推行不同電子學習計劃。曾加入本港兩大出版社撰寫數學、常識及資訊科技教科書，並協助多間小學進行電子教學計劃。近年教育局大力推展STEM教學，故毅然放下教席，全心投入STEM行列，現任創意力量教育中心總監。

學生學習編程有何困難？

在上一篇文章刊登不久，我有幸與兩所小學的STEM負責人交流。其中一所學校在編程教學上已發展多年，所以我在分享經驗的同時，亦想趁機多了解學校在這方面的發展。

這所學校的高年級已建立了完整的教學課程/內容，內容主要不外乎是Scratch及Micro:bit，這也是無可厚非的。老師無私地跟我分享他們的經驗，到了最後表示，當學生「真正」開始編程時，科任老師會發現學生會感到吃力。可能大家會好奇怪，何謂「真正」開始編程呢？在進行編程課堂時，老師們都會特別準備很多教材及資料。這代表了什麼？當然是老師的專業，同時我相信老師也明白到，每當學生初次接觸到對他們來說是全新的事物、全新的知識時，老師都要格外裝備自己，以「抵禦」學生突如其來、令老師們沒法估計到的問題及狀況出現。老師有此準備，相信大家也會明白和認同。當學生學習Scratch及Micro:bit的初期，老師已為設定同一的設計及「硬掭」編程碼，所以學生的學習進度及反應都會如老師所預期的。

以上的情況及經歷是必要的，沒有輸入，可來輸出？因此在這段期間，對老師來說肯定是蜜月期，但過了這蜜月期，便是惡夢的開始了。當老師滿以為學生已準備好自行設計、自行編寫屬於自己的程式時，便放手給予學生自由創作的空間，但學生的表現卻往往令老師失望。

編程內容千變萬化

為什麼會這樣呢？相信教授過編程的老師也會有同感，就是學生學習編程與學習其他學科是截然不同的。編程軟件工具在編程中只屬技能方面的其中一個能力，

編程教學並不是只對着電腦，教教學生一些指令就會讓學生有能力去編寫自己的程式的，一些基本功夫必須盡早灌輸給學生。（Shutterstock）

但編程的內容是千變萬化的，單靠使用編程軟件工具是不能完成編程的目標。我還記得當我開始學習編程時，由第一課老師提出程式的目標到坐在電腦前正式開始編寫，中間要經歷很多準備工作。如沒有事前的準備，學生在編程時，完全憑空想像，對着電腦前努力記憶老師曾教導過的指令，最後的結果、製成品會是怎樣？大家應該心裏有數了。

編程前的工作，在此不贅了。但本人認為，程式的流程是最基礎、最必要的。這些是否學生對着電腦就會學懂呢？是否學會了編程軟件就能表現出來呢？現在坊間的比賽、計劃往往掛着「創意」和「設計」這些亮麗的旗號，學生在沒有足夠知識和創意技能的基礎下，他們的構想只會變得天馬行空、不切實際。他們不能有系統地、合邏輯地表現出自己的想法，又如何去設計及編寫出有系統、合邏輯的程式，讓電腦跟從指令去運作呢？

「創意」這詞我無意在此細敍。我想與大家分享一下我對程式流程這分面的心得。其實在我們生活中，絕大部分也是按照一些規律去活動，例如我們洗澡時，不會最後才塗上皂液；又如我們吃火鍋時，我們會等待食物熟透才放入口中品嚐。生活上很多很多事情，根本有一定固定的規律及次序。我們熟習了、融入生活後，這些程序及規律，已成為生活中的一部分。但對幼稚園或小學學生，根據本人經驗，要求他們用語言或紙筆去記錄一些日常活動的程序（如擦牙），其實不太多學生能完整地、毫無缺漏地表示出來。

小學生編寫程式不容易

我曾經要求一名成績中上的小五學生，有系統地用語言描述兩位數加兩位數的步驟。他覺得實在太簡單了，因此他輕率地向班內同學分享。當然大家也猜到結果是錯漏百出，最後由我用語言及圖表為他補充。當日的家課，我要求學生根據堂中的圖表改為計算兩位數減兩位數。結果我也不用多說，大家也估到是怎樣。

為什麼會這樣？當然就是學生一直沒有相關的知識及技巧的輸入，試問學生又怎能完成相關的工作呢！小一、小二學到的運算技巧，小五的學生也不能完整地、有系統地、有邏輯地演繹出來。那麼老師要求他們編寫一個新程式，對他們來說簡直是天方夜譚。

因此，編程教學並不是只對着電腦，教教學生一些指令就會讓學生有能力去編寫自己的程式的，一些基本功夫必須盡早灌輸給學生。初小已經可以進行相關的課程，而且是編程最基礎的知識。大家可能會問，初小學生連鍵盤及滑鼠也未能好好掌握，又如何編程呢？其實台灣已利用「不插電程式設計」的方式，引導學生學習編程技巧。

2019年1月14日

中美博弈下的香港新出路

2019年10月16日

灼見名家五周年論壇——中美博弈下的香港新出路開幕禮。（灼見名家圖片）

灼見名家
MASTER-INSIGHT.COM

灼見名家傳媒簡介

灼見名家傳媒由資深新聞工作者文灼非於2013年底創辦。他有超過30年的新聞經驗，曾任職《信報財經新聞》及《信報財經月刊》20年，一直追求製作最優質的媒體內容。

灼見名家傳媒為一家多媒體公司，於2014年10月正式啟動，標榜獨立、中肯、理性，走深度分析、評論路線，廣邀超過300位大中華、海外權威學者及專家撰稿，具國際視野。另外，編輯部定期策劃獨家專訪、報道及整理名家精彩演講，涵蓋經濟、政局、文化、教育、投資、健康等範疇，為讀者提供不一樣的深度內容和獨到觀點。

灼見名家傳媒於2014年10月22日開幕舉辦十大校長論壇，邀請本港十間高校校長擔任演講嘉賓：郭位校長、何順文校長、陳新滋校長、鄭國漢校長、沈祖堯校長、張仁良校長、唐偉章校長、陳繁昌校長、黃玉山校長、馬斐森校長，盛況空前，成為全城熱話。

2015至2019年舉辦過五次周年論壇，邀請了多位政、學、商、研等界別的重量級演講嘉賓，包括行政長官林鄭月娥女士、政務司司長張建宗先生、財政司司長陳茂波先生、二位前財政司司長曾俊華先生及梁錦松先生、立法會前主席曾鈺成先生、教育局局長楊潤雄先生、商務及經濟發展局局長邱騰華先生、時任政制及內地事務局局長聶德權先生、運輸及房屋局前局長張炳良教授、騰訊聯合創辦人陳一丹先生、資深大律師梁定邦先生、史丹福大學傑出專家陳明銶教授等，成為中港媒體廣泛報道的盛事。此外，2018年2月舉辦投資論壇、2019年2月舉辦首屆財經峰會、2020年1月舉辦第二屆財經峰會。

本社亦編輯優質書刊，與教育相關的包括開幕日出版《香港高等教育何去何從——十大校長訪談錄》特刊（非賣品）；2015年4月與教育評議會合作出版的《教育心宴》及2015年12月出版《校長也上課》；2016年12月出版《教育同心行》；2018年4月出版《教育同心徑》；2019年出版《教育同心橋》；2020年出版《教育同心牽》；2017年8月為香港大學專業進修學院60周年製作《活學空間60載——HKU SPACE校友的見證》；同年12月協助香港理工大學慶祝建校80周年出版《理動人心——我們的師生校友》；2018年製作香港管理專業協會工商管理研究社40周年專集《紫荊40》。

灼見名家教室於2017至2018年間，分別與親子王國、經濟通及Oh!爸媽合辦多場教育講座，邀得多位資深校長及校監擔任演講嘉賓，包括有陳家偉校長、黃桂玲校長、馮鄭惠儀副校監、陳曾建樂總校長、林浣心校長、曹希銓校長、陳梁淑貞校長、朱子穎校長、劉靳麗娟校長、鄭慕智博士、楊清校長、張堅庭導演及凌羽一博士等，講座的題材及內容豐富，深受家長及教職人士歡迎，反應熱烈。

歡迎各界垂詢本社業務範圍。

作者簡介

張海暘，土生土長香港人，曾任新聞工作者，後轉行當教師。十多年來在香港、韓國及越南各著名國際學校任教，熱愛語言教學，精通中、英雙語及文化，略懂韓語。先後畢業於不同專業，包括中、英文以及教育系，對商業管理、神學以及教育領導也有涉獵。曾為香港著名IB學府編教案教材，同時為註冊SAT監考員。在韓國工作三年期間，曾連續兩年籌辦全國性的中文老師研討會，與會者來自香港、澳門、新加坡、台灣和韓國，對不同體制具備多年經驗與心得。目前任職於越南胡志明市一所國際學校，雖然人在異鄉，仍時刻關注香港，個人定位是不藍也不黃，只追求好的和對的人與事。

從孩子家教談到當前局勢

身為一位港人，最近在下筆時都感到舉筆維艱──我深知寫出來的東西會有人看。作為一個老師，在亂世裏很難長期維持緘默，但真要作聲發表己見，又難免得罪一些人。而在選擇沉默或得罪人之間，我選擇了後者──對於一個知識分子而言，在這種時候選擇不聞不問，代價實在太高了。

我曾説過：作為教育工作者，為了下一代的福祉，在論到政治等議題時，最好留一片空白讓孩子們自己發揮、領悟。可在目睹一連串從反修例到抗疫的事件後，我的觀點產生了變化：我認為，按照目前的亂局，老師還是不應該直接介入，但倘若遇到了一些比較偏激的意見時，尤其是那種帶着仇恨的聲音，必須予以及時、正面與理智的勸導。為人父母者，則不宜繼續袖手旁觀，必須得直接介入，而且動作容不得一點兒含糊，最好能做到一錘定音……理由很簡單：你今天不教育自己的孩子，這個社會裏的其他人就會代勞。

那麼，在這個嚴重撕裂的社會，如果連自己的家庭都沒有一個共識的話，該怎麼辦？我本身是一個基督徒，在遇到無法解決的難題時，我往往會尋求《聖經》的智慧與幫助。

《聖經》裏有這樣的一段經文：「弟兄們，我借我們主耶穌基督的名，勸你們都説一樣的話，你們中間也不可分黨，只要一心一意彼此相合。」（林前1:10）

華理克牧師（Rick Warren）説得好：人際關係永遠值得重建。人的一生都在學習怎麼愛，而上帝要我們珍惜人際關係、盡力維護它，不論有多大的歧見、傷害或衝突，都不可放棄。事實上，從《聖經》我們知道，上帝早已給了我們重建人際關係的使命。因此，新約《聖經》裏記載了許多如何與人相處的教導。保羅說：「所以在基督裏若有什麼勸勉，愛心有什麼安慰，聖靈有什麼交通，心中有什麼慈悲憐憫，你們就要意念相同，愛心相同，有一樣的心思，有一樣的意念，使我的喜樂可以滿足。」（腓2:1-2）保羅在教導我們：要盡力與人和好，這是靈命成熟的象徵。

亂世中，我們首先要選擇與之和好的，是自己的家人。我不是說親戚朋友不重要，不是，但我們要想清楚：能夠真正決定你孩子命運的，在孩子完全自主之前，是你和家人。在教育孩子如何待人處事上，暫時把親戚朋友都放一邊，然後把你和家人達到的共識灌輸給孩子，讓他們在雜音圍繞的亂世中，自己的心底裏有一把父母送予的「寶尺」可用。

你今天不教育自己的孩子，這個社會裏的其他人就會代勞。（亞新社）

我身在越南，可是心思卻從未離開過香港。有一天，讀二年級的兒子問我：「爸爸，什麼叫『攬炒』？」我心裏一怔，趕緊問他從哪兒聽到這詞兒，他說是YouTube。其實，對於「攬炒」的定義我真的不太清楚，只知道從去年6月開始，一直聽到這詞兒，意思大概就是「攬住一起死」（同歸於盡）。

香港不應再經歷任何漠視一切的暴力

我把意思告訴他之後，他大吃一驚，問為什麼。我眼看避不過，只能告訴他自己的意見。這世界上，一個人如果連死也無懼的話，那確實是一件很恐怖的事兒。在某種程度上，我理解、同情並尊重擁有這種想法的人，可是亂世裏，一個人必須要有一個人的人格，我們不能說因為在上面的人沒有，所以我也不需要有。「以惡制惡、以暴易暴」的後果是什麼？我相信不用在這裏詳述，觀歷史即可。香港從很久以前開始，已經是一個經濟和金融中心，能達到去年6月以前的水平和地位，靠的就是那令人尊敬和值得依賴的法治。無論是基於何種理由，香港都不應再經歷任何漠視一切的暴力，理由很簡單：我們都需要一個相對安全的環境工作、生活以及養育孩子。

我們不能說年輕人的憤怒毫無道理，但作為一個港人，我對這種持續的固執、破壞的強度以及忘我的程度感到了心寒。醫護人員用了差不多一周的時間，以罷工的形式爭取政府封關，以及獲得更多抗疫的資源；我同樣予以理解，但是我無法同意把需要甚至是急需醫療服務的病人作為談判的籌碼——這跟是否理解無關，而直接是衝擊了道德和原則的底線。許多人說，我們不應站在道德高地去批判這批年輕人，因為他們有苦衷。那麼，病人的家屬呢？那些沒罷工堅持上班的醫護同工呢？面對疫情我們擔心惶恐，我們想活下去，這是可以理解的——醫護人員和普通人並沒有不同。然而，我們一邊要繼續拿工資，一邊又以自己的專業和他人的生命為籌碼，這道理說不通。我自己不是醫護，但也曾經因為無法接受的工作環境而主動請辭——這是一個成年人對自己和他人最基本的尊重，不算苛求。

以上所說的只是冰山一角。其他對於香港的國際地位、形象以及平民百姓行動、購物的基本人身自由所帶來的影響，那就更不用在這裏多說，因為我們幾乎每天都會接收到有關的資訊。我作為一個港人，生於斯長於斯，想問的是：這些「抗爭者」有沒有可能在爭取的同時，不要完全漠視其他人的聲音和安全。你要爭取民主自由，而自己在爭取的過程裏卻體現不出這樣的人格魅力，熱情過後還有誰會信你？今年年初的一份國際問卷調查顯示：香港在東亞區最適宜外派僱員居住地點的排名已降至第93位，急速下跌52位。究其原因，該調查的機構總監分析：日益緊張的社會政治局面，令居於香港的外籍人士感到擔憂，自2019年年中以來經常發生社會運動，也對外派僱員習慣的日常生活產生負面影響，其中包括自社會運動開始後的交通設施受損和犯罪率上升。

孩子對局勢的判斷力必須由父母掌舵

林鄭的領導，市民及國際社會有目共睹，歷史最終會給她一個「公正」的評價和定位。我們更要關心的，是以目前的狀態，香港今後何去何從？我個人認為：如果不能馬上離開，還得留下的話，必須要確保家裏的和諧，孩子對目前的局面有一個相對清晰的視野和判斷，這種判斷力必須由父母自己掌舵，絕不能假手於人。要是想離開的，也不要顧慮其他人的意見，因為你最可能聽到的一種聲音是：香港有難，走的話太「自私」了；而且往往還會為你和家人貼上他們眼裏的顏色「標籤」。這種論調最無聊，也是最無賴的：離開是因為呆不下去，我們的家庭只有一個，容不得其他人來給任何意見，連最起碼的行動自由都不懂尊重的話，你其實已經能夠了解這幫人的本質。況且，離開香港説不定對局面有一種更清晰、客觀的判斷，對如何運用自己的人際網絡來繼續貢獻，也許會有新的領悟、新的格局。誰説要貢獻必須得留下來？執筆之際，香港出現了另一位「奇葩」區議員李文浩，公然在自己的辦公室張貼「藍絲與狗不得內進」的標語，引起輿論嘩然。事實上，這種人要是沒有林鄭，根本毫無市場。不管你的「顏色」立場如何，稍為具教育水平的朋友，自然都不希望跟這種人產生任何關聯。他以及與之相近的人，能代表香港嗎？絕不！

我對香港的富豪以及專業人士也有很大的期盼。首先，我不認為這些人的想法跟社會大眾有太明顯的距離，但是政府權貴最容易聽進去的，往往就是這批人的意見——這正正是發揮你們影響力的時候，正所謂「發財立品」，不要拖延下去了。

其實，五大訴求不一定要馬上全部實現，但至少不要與自己的人民為敵。眼看我們的特首，一屆不如一屆，聲望、能力每況愈下，香港跟中央的距離也因為這些「非普選」出來的人而愈拉愈遠，為什麼不嘗試一下換位思考：讓港人自己選一次呢？輸了？心服口服，再也沒有任何藉口了。

2020年3月13日

作者簡介

潘詠儀，公共及社會行政(榮譽)學士、英語文化碩士、英語教學碩士。曾任教小學、特殊教育學校及中學，教授英國語文。熱愛英語學習，曾為尋求應用英語機會於1998-1999年前往加拿大進修英語。現任元朗公立中學校友會鄧兆棠中學校長。2008及2009學年曾半借調教育局協助推廣照顧學習差異策略； 2018及2019學年為教育局i-journey 在職中學教師帶薪境外進修計劃小組導師。

我的「停課不停學」奇妙體驗

過去的4個月，相信是不少師生在學在職以來最難忘的一個「假期」。這個假期橫跨農曆新年與復活兩大中西長假，我們被困在家，一直在「困」境中尋求學與教的出路，一個疫假，不論長幼，都把我們的學習潛能迫了出來，疫假前緩步發展的電子學習、自主學習，寸進經年，在疫情中，我們窮則變、變則通，在師生共同努力下，發展卻突飛猛進，為教學模式平添了不少多樣性。

年假前後，我校老師還以為停課維時短暫，只需利用課業平台便可解決學生無學可上的問題，推想透過電子平台上的課業交收，應是權宜之計，雖不能令學生知新，但仍可助其温故，總算是沒辦法中的辦法。怎料停課一延再延，我的同事開始覺得，或最低限度不反對，非推出實時視像教學，補住學生的學習動力不可了。

In the Pipeline

Changes in the pipeline for sewage systems at Hong Kong housing estates after coronavirus scare raises concerns

作為校長，總要身體力行，於是筆者也找回本行，來個「停課不停學——閱報學英語」計劃。（作者提供）

在召開了一次的全體教師視像會議後，大部分同事就憑着這唯一一次的視像經驗，去建立自己的視像教室。我看過同事由2月初在實時教室裏如履薄冰、跌跌撞撞到今天滿有信心，揮灑自如，我不得不讚嘆同事們的學習爆發力。我們有一位今年行將退休的語文科同事，由零認知開始，現在已把視像軟件用得頭頭是道，還不斷力求突破，教出了個心得來，這是專業，也是他對學生有愛的表現。

身體力行 建立視像教室

同事每天都在視像教室努力停課不停教，作為校長，總要身體力行吧，於是我也找回我的本行，來個「停課不停學——閱報學英語」計劃，每天抽取當日英文報章內曾引用的一個諺語或文化典故作個介紹，每日一篇，放在校網上，讓學生閱讀，趣學英語。雖然寫作的對象是我的學生，但第一位受惠的，卻是我本人，因為我得以透過這寫作計劃，重溫及鞏固我的英語知識，同時，一件神奇的事發生了。

當我寫到第23篇文章的時候，我收到一位同事一本正經的訊息，他希望我找個時間在學校和他見面，説有點和電子學習有關的事和我一談。同事找校長，一般都是為了徵求批准或意見，再不是就是人事的問題了。究竟疫情期間，有甚麼假急需要申請？又有什麼人事煩惱要急於解決?

同事坐下，第一句就説:「校長，不經不覺，閱報學英語，你已經寫了20多篇了。你有沒有想過增添多一種手法去表達呢?例如，錄製YouTube片段，讓學生不但可以看，更可以聽到英語的讀音呢?」被同事一言驚醒，他説得對，英語中借來的外語字甚多，發音有時無例可援，如果同學能同時聽到讀音，那不是一石二鳥嗎?即時，老師就向我示範一個軟件，指導我使用錄播功能，把寫好的文章，錄成音頻，放在YouTube頻道裏，至今我已把另外十多篇帶有音頻的文章也放了頻道裏。這個經驗十分難得，對我而言，利用YouTube頻道教學，還是頭一回，學習新技能的成功感當然不在話下，但這位同事幫助了我以身作則，為學生的「停課不停學」，做了個榜樣，當中的滿足感，難以言喻。英文有一句諺語，"You can't teach an old dog new tricks." 現在我滿有信心不肯苟同，我雖然是"old dog"，但我竟然可以學到"new tricks"！幸好英語還有一金句，"It's never too late to learn." 這樣才説得公道，有志者事竟成才是真理。

在疫情中，我們窮則變、變則通，在師生共同努力下，電子學習發展突飛猛進，為教學模式平添了不少多樣性。（Shutterstock）

在困境中，雖然我們沒法控制海上的風如何走向，但我們總可以調整我們船上的帆，讓我們安然橫渡汪洋吧。這個疫情拉遠了我們和學生的距離，但停課這挑戰，激起了我們不肯停學的意志，不論上下，不論長幼，無遠弗屆，遍地開花。

2020年5月8日

作者簡介

鄭家寶，中華基督教會基法小學校長。教育評議會、香港初等教育研究學會、仁愛校長會會員及共享學習天地顧問。投身小學教育工作近20年，曾借調教育局課程發展處，擔任課程發展議會委員會成員，並曾獲香港教師中心教育研究獎，了解本港教育及課程發展趨勢，理論與實踐並重。除致力推動學與教的發展外，亦積極推動生命教育，致力培養學生21世紀所需素養，讓學生得到全人的發展。

可預期和不可預期的教育

母校金禧校慶，難得跟中學的老師和同學重聚。畢業20年，老師還能叫出每個學生的名字，細說當年的軼事，也為今天我們的成就感到高興。大家分享近況，老同學們都各有發展，當中有大學的助理教授，商界老闆，政府官員……大家都因我的新崗位而感到驚訝。

筆者心有不甘，同學榮升助理教授，大家報以恭喜，為何我收到的是十萬個「你竟然……」。班主任解釋：同學當年學術出眾，今天的成就是「可以預期」的；反之，以筆者當年的表現，今天投身教育則「不可預期」。

可預期的教學成果 vs 不可預期的學生成就

課堂上，教師們都很專業地為學生訂定學習目標，課堂設計常見的一句：「完成本節課後，學生能……」

之後呢？課堂上教師們所着眼的是可預期的教學成果，能夠應付考試，或者學校每年不同種類的問卷。教師會從不同學生的天賦條件，預測到不同學生的學習成果。可是，教育工作者每天的默默耕耘，為的就是這些可預期的教學成果嗎？我們更期望見到的是學生不可預期的成就。

儘管課堂上，教師給每位學生知識點的輸入不會有太大的差距，考試也得用同一份考卷，目的是作甄選和排序；可是這只是學校教育的一小部分。在當前世界的情況下，我們需要為孩子在社會、國家及世界的連繫作好鋪墊。因此，學校應充分利用社會的資源讓學生瞭解當前世界的面貌，讓學生發展表達溝通、運用科技及資訊、善於解難和自學的能力，讓學生能在了解歷史的背景的基礎下進一步的發展人類的未來。這樣才能延續、發展社會的生命力，改變個人及社會的未來。

孩子要到學校上學的原因

原始的教育是通過共同生活的過程，乃非制度化的學習方法。直到15世紀的西方國家在教會的帶領下，建立了學校的雛形。19世紀中葉後，西方國家通過普及義務教育法律的實施。學校的出現意味着正規教育制度的誕生。聯合國教科文組織在《反思教育》指出學校教育是制度化的學習，是一種社會學習，使人懂得「學會做人」和「學會共存」，又強調人文主義教育觀和發展觀。隨着新科技的飛速發展，學校教育應引導學生以開放和靈活的全方位學習方法，為所有學生提供發展自身潛能的機會，以實現可持續的未來。

筆者深信每位學生都有其獨特的才能、天賦和優點，也尊重每位學生的能力和價值。既然每個孩子都潛能無限，只需要學校及家長能給予適當的啟發，陪孩子經歷一次「發現自己、喚醒自己、成為自己」的過程，讓學生擁有獨立的思考和人格。學校的設置就是造就孩子的成功，在學校裏的人物、活動、環境及發生的每件事都被刻意地安排，讓孩子在與人互動的過程中發展及修訂個人的基模。在關愛與安全的環境下培養求學問的興趣、正面的價值及人生觀，並學會對生命感恩。孩子在成長的過程中，應培養接受生命挑戰的勇氣、獨立的精神及適應環境的能力。面對生命中不可預期的景況與挑戰。

執筆之際，全港學校因2019冠狀病毒停課第52日，中、小、幼教師們都善用科技讓學生們在家網上學習，做到「停課不停學」。可是這個世紀知識的周期又太短，軟知識遠比硬知識重用。這個時代孩子所需要的不再只是知識，而是素養。

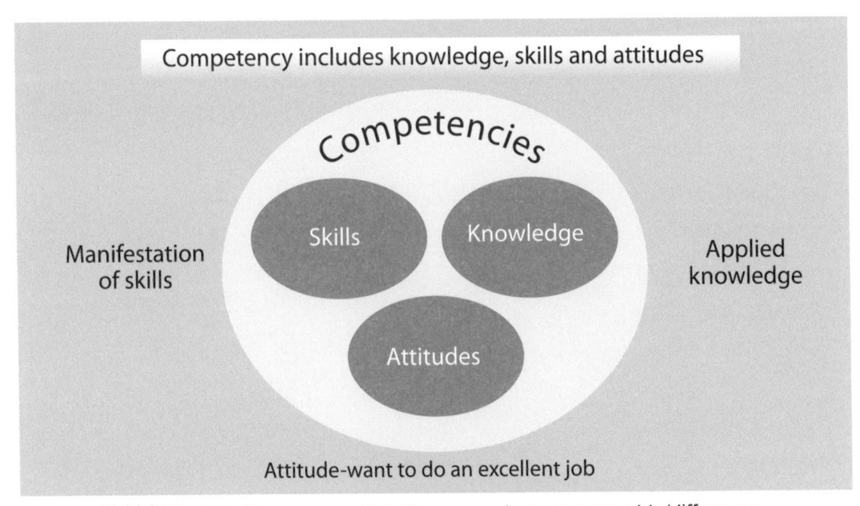

資料來源：http://www.yourarticlelibrary.com/entrepreneurship/difference-between-competence-and-competency-explained-with-diagram/40696

學校教育的目的不是在學到任何有用的知識，而是在人格、情操和正確價值觀的培養。
（《教養的迷思》，Judith R. Harris著，洪蘭等譯）

筆者深信每位學生都有其獨特的才能、天賦和優點，也尊重每位學生的能力和價值。（Shutterstock）

聯合國教科文組織UNESCO於2015年提出的「個人必備橫向技能（transversal competencies）」，當中包括6大範疇：批判性和創新性思維、個人內在修養、人際交往技巧、全球公民身份、媒體和資訊科技素養及其他。這些都不是影片教學可以做到，都是需要人與人面對面的互動交流，思維情感上的互相刺激。孩子需要不同的學習經歷，需要與同儕互相合作的經驗，需要團體生活的紀律。因此，孩子需要學校的教育。

在全球經濟轉型的情況下，面對迅速發展的資訊科技和知識型的社會，學校要培訓能立足及貢獻社會的21世紀世界公民，必須發展學生的「個人必備橫向技能」。筆者深信，教育是一個過程，而非結果，故時常提醒自己不可單單滿足各持份者的期望，急於突出成果，而忽略了過程的進展，扼殺了學生不可預期的成就。在推動學校前進的過程中，不時反思政策是否有其實際需要，教師們在心態及能力上是否已裝備好，在過程中對學生是否有益。

參考資料

United Nations Educational, Scientific and Cultural Organization (2013). Asia-Pacific Education Research Institutes Network (ERI-Net) Regional Study on transversal competencies in education policy & practice (Phase I). Retrieved from https://unesdoc.unesco.org/ark:/48223/pf0000231907

DK Sinha. Difference between Competence and Competency (Explained with Diagram). Retrieved from http://www.yourarticlelibrary.com/entrepreneurship/difference-between-competence-and-competency-explained-with-diagram/40696

洪蘭、蘇奕君（譯）（2011），《教養的迷思：父母的教養能不能決定孩子的人格發展？》（原作者：Judith R. Harris），台北市，商周出版。

聯合國教育科學及文化組織（2017），《反思教育：向「全球共同利益」的理念轉變？》，北京，教育科學出版社。

教育評議會簡介

教育評議會（教評會）於1994年10月成立，由一群熱心教育工作、緊守教育崗位、關注教育事務、有志影響教育政策的教育工作者所組成。教評會在過往25年，致力於「研究、評議、實踐」，持續對教育政策建言，影響決策，發揮專業力量。2019年為教評會銀禧誌慶，走過四分之一世紀，面向而立，教評人心事浩茫，仍心繫教育，緊守教育現場，回顧前瞻，堅持走教學專業之路，不因為甚麼，只因孩子是我們的未來。

主席	何漢權						
副主席	蔡世鴻	陳玉燕	吳嘉鳳	朱啟榮			
秘書	周鑑明						
財政	馮文正						
出版	曹啟樂						
執委	鄒秉恩	陳偉倫	蔡國光				
增選委員	楊佩珊	馮穎匡	翁美茵	潘詠儀	劉湘文	林日豐	許為天
	黃冬柏	鄧兆鴻	梁鳳兒	周慧儀	黃靜雯	張家俊	

如認同教育評議會的宗旨和工作，歡迎加入本會成為會員或捐助本會。

姓名：（中文）__________（ENG）__________

聯絡電話：__________

本人有意　☐ 加入成為會員，請將「入會申請表」傳予本人：

傳真號碼：__________；（或）

電郵帳號：__________

☐ 捐助教育評議會 $ __________

請查收劃線支票（支票抬頭：教育評議會）：

銀行：__________；號碼：__________

（或）存款ETC轉帳收據（匯豐銀行004-580-173318-001）。

填妥上表後請郵寄或傳真交回教育評議會。

香港新界上水清城路8號風采中學 轉交教育評議會

傳真：24683935

教育同心牽：校長也上課五
United Links to Enlightenment: Back to School V

出版： 同心教育基金會(香港)有限公司

地址： 香港新界大埔汀角路55號太平工業中心2座3樓

電話： 27393368

傳真： 23118592

主編： 何漢權、黃冬柏、文灼非

編輯： 凌嘉偉、黃文傑

製作： 灼見名家傳媒

設計： andConcept Design

發行： 香港聯合書刊物流有限公司
荃灣德士古道220-248號荃灣工業中心16樓

印刷： 利高印刷有限公司
香港葵涌大連排道192-200號偉倫中心二期11樓

出版日期： 2020年11月初版

定價： 港幣78元

國際書號： 978-988-14896-7-8

圖書分類： 教育

Published and Printed in Hong Kong

本書所有收益，扣除開支外，將捐予本港慈善機構。